손자
병법

지금, 내 삶의 실리적 처신
곁에 두고 읽는 손자병법

초판 1쇄 인쇄 2016년 07월 28일
초판 1쇄 발행 2016년 08월 03일

지은이 김용원

펴낸이 백유창
펴낸곳 도서출판 생각의서재
유 통 도서출판 세움과비움

신고번호 제 2016-000191호
주 소 서울 마포구 양화로16길 18(서교동)
연락처 T. 02-704-0494 / F. 02-6442-0423 / seumbium@naver.com

ISBN 979-11-958438-0-0   03190

값 12,900원

지금, 내 삶의 심리적 처신

곁에 두고 읽는

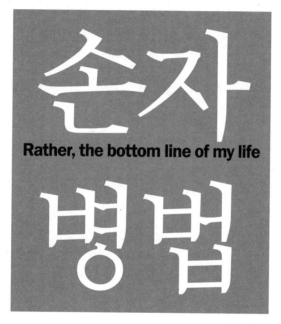

손자
병법

Rather, the bottom line of my life

김용원 지음

생각의서재

삶의 모든 순간은 축복일 수 없다
하지만 삶의 모든 순간이 기회일 수
있다

오늘 우리는 누군가와는 상대해야 되고
또 다른 누군가와는 협력해야 하지만
그들도 더불어 나와 같은 사람이며
같은 시대를 함께하는 이 땅의 구성원이다

삶의 방향을 새로이 정비하여
낮은 자리로 내려가길
스스로를 이기는 자의 길을 먼저 가길
지지 않고 돕는자의 길을 걸어가길

삶이

그렇게

길을 간다면

일상의 모든 순간이 축복이다

일상의 모든 순간이 감동이다

제6장 虛實篇 | 허실편

선택하고 집중하라

제7장 軍爭篇 | 군쟁편

돌아가는 것이 빠른 길일 수도 있다

제8장 九變篇 | 구변편
언제나 상황에 대비하라

제9장 行軍篇 | 행군편
기본에 충실하라

나는 2011년부터 매년 1권이상의 책을 써왔다. 물론 시를 쓰는 시인
이자 가족법을 전공한 법학자로써 전공과목인 결혼과 이혼에 관한 책
을 쓰기도 했지만 그 후에 쓴 책들은 시나리오와 소설, 시집과 사진집
명상집과 같은 문학책들이었다. 그러고 보니 문학의 모든 장르는 거의
다 손을 대어 본 셈이다.

어느 순간 내가 맹목적인 문학의 덫에 갇혀 앞으로 나아 갈 수 있는
길을 잃어버리고 있는 것이 아닌가 하는 생각이 들었다. 틀에 갇힌다는
것은 사지로 들어가 웅크리고 앉아서 생명을 잃어 간다는 것으로써 어
느 분야에서나 경계해야 할 일이다. 더구나 글을 쓰는 작가에게는 생각
해 보기도 싫은 일이었다. 좀 더 유연한 사고를 해야겠다는 생각을 하
게 되었고 그 때 생각이 난 것이 손자병법을 내 방식대로 써야 하겠다
는 것이었다.

나는 그동안 손자에 대해 피상적으로 알고 있었다. 적어도 손자는 나
에게 있어 인정도 피도 없는 냉혈한 이었고 천당과 지옥을 자유자재로
넘나드는 이중자였고 변칙과 반칙의 대명사였다. 하지만 손자병법을
읽어가면서 그간의 내 생각이 잘못되었다는 것을 점차 알게 되었다. 손

자가 아주 따뜻한 사람으로 내 곁으로 다가왔다. 손자는 전쟁을 원하는 전쟁주의자가 아니었으며 도리어 그는 선한 사람이었다. 하지만 이합집산과 패권이 만연하던 당시 춘추시대에서 살아남기 위해 어쩔 수 없이 전쟁을 치룰 수밖에 없다면 이기는 전쟁을 하라고 한 것이었다.

손자는 싸우지 않고 적을 굴복시키는 것不戰而屈人之兵을 중시하였다. 전쟁에 있어 적을 상하지 않게 그대로 두고 복종시키는 것을 최고의 병법으로 보았고 전쟁을 오래 끄는 지구전을 경계하였다. 전쟁의 최상은 싸우지 않고 모공으로 상대를 꺾는 것이며 그 다음이 외교관계를 맺어 전쟁을 억제하는 것이며 가장 나쁜 방법이 성을 공격하는 것이라고 하였다. 전쟁은 국가와 인간의 존망과 생사를 가르는 중대사이므로 신중해야 하며 전쟁을 하게 되면 속전속결로 하되 승리만이 미덕이라고 본 것이다. 싸우려면 만반의 준비를 해서 이기게 해놓고 싸우고 만일 상대하기가 힘이 들면 싸우지 말고 줄행랑을 치라고 애정 어린 충고까지 해주었다.

그는 전쟁을 좋아하거나 사악한 술수가가 아니었다. 도리어 그는 아주 따뜻한 사람이었다. 그는 전쟁을 경계하였을 뿐만 아니라 부득이 전쟁을 하게 되면 수단과 방법을 가리지 않고 이겨야 한다는 현실주의자였고 가능한 한 싸우지 말고 싸움을 해결할 것을 주문한 낭만주의자였다. 생각이 여기까지 미치자 손자의 병법은 전장을 살아가는 사람들을 위한 멘토의 따뜻한 충고로 들렸고 손자는 마치 오랜 나의 친구처럼 느껴졌다. 나는 멘토의 애정 어린 충고를 생각하며 내 삶을 돌아보고 싶었다. 나아가 병법에 비추어 잘못이 있다면 반성하고 새로운 삶을 결단을 하는 성찰의 고백을 해 보고 싶었다.

하지만 기존의 손자병법을 다룬 책들은 한문문장에 대한 토를 달고 옮기고 주석을 하는 것이 대부분이었다. 게다가 서양이나 동양의 전쟁 이론을 가미해서 서술하는 방식이었다. 내 나름대로 손자병법을 풀어 써보고 싶었다. 나는 시를 썼으므로 병법과 관련 있는 시를 넣어 해설을 하고 내용에 걸 맞는 사진을 넣고 필요한 경우에는 의미 있는 성찰 문구를 넣어 보았다. 시중에 나와 있는 책 중에서 손자병법을 일상과 관련한 시와 사진으로 풀어서 서술한 것은 이번 책이 처음이 아닌가 한다. 아무튼 사물을 다른 눈으로 바라본다는 내 당초의 목적을 이 책의 출간으로 다 해결된 셈이다. 이 책의 과오에 대해서는 쏟아지는 질책들을 달게 받을 생각이다.

나는 감히 이러한 손자병법을 내 친구라고 부르고 싶다. 그리고 손자병법의 권모술수나 간사함 들은 배격해야 하는 것이 아니라, 나를 세워 나와 내 주변 지인들에게 불편함을 주지 않기 만들기 위한 미덕으로 여겨야 한다는 생각을 하게 된다.

　사물을 보는 시각을 다양하게 하기 위한 방법론의 변용은 앞으로도 계속 될 것이며 나는 손자병법의 미덕을 배워 내 삶을 실하게 만들기 위해 고군분투 할 것이다.

파주 금릉에서 김용원

제 1 장

시계편
始計篇

정확한 위치와 상황을 계산하라

전쟁에 나가기 전에 작전회의를 하면서 적과 아군의 전력을 계산하는 장이다. 도道, 천天, 지地, 장將, 법法의 5가지의 전략적인 목표와 7계라고 하는 구체적인 비교기준에 의해 아군과 적군간의 전력을 비교한다. 군이 야전에 나가 전쟁을 치루지 않더라도 이러한 묘산廟算을 해보면 승패가 어디에 있는지 짐작할 수 있다. 전략과 전술로 보자면 지극히 전략적인 부분이며 전쟁의 총론에 해당되는 부분이다.

좀 더 냉정해져야 하고 강해질 필요가 있다.
지금 우리에게 요구되는 것은 세파에 시달리며 한숨짓고 눈물을
흘리는 나약함보다는 이를 극복하기 위해서 피와 땀을 흘리는
노력의 시간들이 필요하다.

전쟁은 개인과
국가 존립의 중대사

손자가 말하기를 전쟁은 국가의 대사로써 생사와 존폐가 갈리는 것이니 살피지 않으면 안된다. 그러므로 오사를 살피고 계책을 비교하여 실정을 잘 파악해야만 한다. 오사五事란 첫째가 도道요, 둘째가 천天이요, 세째가 지地요 네째가 장將이요 다섯째가 법法이라.

孫子曰 兵子國之大事 死生之地 存亡地道 不可不察也. 故經之以五事 校之以計 而索其情 一曰道 二曰天 三曰地 四曰將 五曰法

전쟁은 국가의 대사요 생사의 존폐를 가르는 것이라고 하여 이를 위해 오사의 중요성을 강조하고 있다. 누구나 전쟁이 국가의 대사이고 인간의 생사를 가르는 중대사라는 것을 알고 있다. 전쟁의 참상은 말로다 형용할 수가 없다. 전쟁으로 인해 사람이 사람의 면전에서 죽고 죽이는 것은 당연하며 오히려 칭찬을 받을 정도이니 전쟁의 참상을 목도하게 된다면 이를 피하려고 할 것이고 부득이하게 전쟁을 하게 되면 승리하려고 할 것이다. 임진왜란의 참상을 다룬 유성룡의 징비록懲毖錄에서 사람의 인육을 먹는 장면이 나오는 것을 보면 만사에 과정이 중요하다고들 말하지만 전쟁에 있어서만큼은 승리라는 결과가 전부라고 말해도 좋다.

사람들은 일상이 바로 전쟁이라는 사실을 까맣게 잊어버리고 살아간다. 내 가족과 아이들을 조금이라도 잘 먹이기 위해 애를 쓰는 일이나 좀 더 돈을 많이 벌고, 좋은 자리와 명예를 얻기 위해 도처에서 전쟁이 벌어지고 있다. 겸양의 미덕을 가진 좋은 사람이라는 평판만으로 일관하다가는 나중에 큰 코를 다친다. 좀 더 냉정해져야 하고 강해질 필요가 있다. 지금 우리에게 요구되는 것은 세파에 시달리며 한숨짓고 눈물을 흘리는 나약함 보다는 이를 극복하기 위해서 피와 땀을 흘리는 노력의 시간들이 필요하다.

만일 누군가 지금 평화스런 일상을 살고 있다면 그동안 얼마나 많은 피와 땀과 싸움의 대가를 통해 얻게 된 것인가를 생각해 보면 안다. 젊은 시절에는 일상이 전쟁인 지도 모른 채 전쟁과 같은 시간들을 지나왔다. 나이가 들어 사람이 점차 약해져서 갈수록 세상사는 일이 무서워지고 세상이 전쟁 중이라는 사실을 실감한다. 미리 대비하지 못한 오늘의 내 자리가 불안하다. 나와 내 가족 그리고 주변의 지인들의 안위를 위해 두 발을 딛고 있는 일상에 대한 현실 인식을 제대로 해야겠다. 분명 세상은 전쟁 중이다. 사람들은 전사며 이 땅은 전장이다.

애써 부정하고 싶은 사람도 있고

말이 되느냐고 되묻는 이도 있겠지만

모두가 전사들이며 이 땅은 전장이다

살아남기 위한 일상의 경쟁과

내 안에서 시시각각 다투고 있는

선과 악의 싸움에 이르기까지

어차피 삶은 전투의 연속이다

팔순을 넘어오며 전투를 치르시던

어머니가 어제 갑자기 쓰러지셨다

개나리가 여든 번을 피고 지는 동안

수많은 전쟁에서 살아남아 승리한

어머니는 용맹스런 전사셨다

죽음만이 모든 것을 그치게 하리라

살아 숨 쉬는 모든 생명들이 안스럽다

어제는 집 앞 공릉천변에 나갔을 때

한 떼의 개나리가 지고 있었다

(생은 전투다)

다섯 가지 근본을
오계五戒라 한다

도道는 백성들로 하여금 임금과 뜻을 같이하여 죽음을 함께하고 삶을 함께 하여 위험을 두려워하지 않게 하는 것을 말한다. 천天은 음양의 이치, 춥고 더움, 만사에 있는 적당한 때를 말한다. 지地는 지세를 두고 말하는 것으로써 멀고 가까운 곳, 험하고 평탄한 곳, 넓고 협소한 곳, 살고 죽는 곳을 말한다. 장將은 장수의 지략, 신의, 어짐, 용맹, 위엄을 말한다. 법法은 군대의 조직과 편성, 복무규율, 군의 재정 군수 등을 말한다. 장수는 무릇 이 다섯 가지에 대해 알지 않으면 안된다. 알면 이기고 알지 못하면 이기지 못한다.

道者令民與上同意也 故可以與之死 可以與之生 而不畏危 天者陰陽寒暑時制也 地者遠近險易廣狹死生也 將者智信仁勇嚴也 法者曲制官道主用也 凡此五者 將莫不聞 知之者勝 不知者不勝

　도道라는 것은 백성들과 임금이 뜻을 함께 하여 화합을 이루는 것이다. 임금이 어버이의 입장이 되어 백성을 지켜주고 잘못에 대해서는 바로 잡아 줄 수 있을 때 백성들은 임금을 신뢰하고 충성을 다하게 된다. 임금은 백성들을 지켜 주기 위해서 경우에 따라서는 권모술수라도 능히 부릴 수 있어야 한다.

　천天은 음양의 이치와 춥고 더운 것과 춘하추동 4계절의 변화처럼 시제를 말한다.

지地는 지세와 싸우는 곳의 형상과 지리적인 유리, 불리 등을 말하는 것으로 지地에는 원근, 광협, 고하, 험준, 평이 등의 요소가 있다. 손자 병법에서 지리는 중요하다. 그래서 제9편 행군, 제10편 지형, 제11편 구지 편에서 각각 4지, 6지, 9지등 지리적인 중요성을 다루고 있다. 해군과 공군이 없던 당시 땅에서 벌이는 육전이 중요했기 때문이다. 그리고 아무래도 지地를 말하자면 사지死地와 생지生地의 구분이 중요할 것이다. 사지에서는 속전속결을 해야 살며, 지구전을 하면 죽는다疾戰則存不疾戰則亡. 이러한 지地에 대한 내용들은 전쟁을 수행하는데 있어서 싸우는 자가 반드시 알아야 할 변수들이다.

장將은 장수로서의 자질을 이야기하는 것인데 구체적으로는 지략, 신의, 인의, 용맹, 위엄을 말한다. 이를 장수의 오덕五德이라고 부른다. 장수는 변화무쌍한 전장을 헤쳐 나가기 위해서는 지혜가 무엇보다 필요하다. 그리고 용맹 보다는 인의가 더 중요하다. 어진 장수는 용맹할 수 있지만 용맹한 장수가 다 어질지는 않기 때문이다. 장수는 병사들을 엄격하게 관리하고 병법을 공정하게 적용함으로써 신뢰를 얻어야 한다. 이러한 장수의 자질은 부단한 자기 수행을 통해서 개선되어 지는 경우도 있지만 타고나기도 한다.

법法이라함은 군법을 말하며 군법에는 세 가지 요소가 있다. 즉 군대의 조직과 편성과 관련한 곡제曲制, 관직을 설치하는 제도와 규정에 관한 관도官道, 군에 필요한 각종 군수물자의 조달과 유지를 위한 주용主用이 그것이다. 법이 잘 서있는 군대가 있는가 하면 법이 잘 서있지는 않으나 전쟁에 임하여 용맹이 출중한 군대가 있을 수 있다. 역시 안정적으로 오래가는 것은 법이 잘 서있는 군대라고 할 것이다.

일곱 가지 계책을
비교하라

다음의 일곱 가지의 계책을 검토하여 그 실정을 파악해야 한다. 임금 중 어느 편에 도가 있으며 장수는 누가 더 유능한가? 천시와 지리는 누구에게 유리하며? 법령은 어느 편이 잘 집행하고 있으며 군대는 어느 편이 강한가? 상벌은 어느 편이 공정하게 시행하는가? 하는 것을 살펴봄으로써 승패를 알 수 있다.

故校之以計 而索其情 曰主孰有道 將孰有能 天地孰得 法令孰行 兵衆孰强 士卒孰練 常罰孰明 吾以此知勝負矣

앞서 살펴본 오계에 바탕으로 해서 일곱 가지 계책에 해당하는 칠계를 적과 서로 비교하여 승산이 어느 편에 있는지를 짐작할 수 있다. 이를 정계定計라고도 한다. 이처럼 전쟁에서 이기는 방법은 막연한 기대로는 이룰 수가 없고 구체적이고 상세한 전력의 비교 하에 가능하다.

아군이 적군에 비해 비교우위에 있을 경우 전쟁에서 이기게 되며 그렇지 못할 경우 패배한다. 늘 패자에게는 변명할 구실들이 많다. 그러나 승자는 승리에 대해 별 할 말이 없다. 이기는 자는 말이 없으며, 지는 자는 구구한 변명을 늘어놓을 수밖에 없다. 승자가 말이 없는 까닭은 전쟁의 승리가 말로 풀이 할 수 있는 것이 아니라 피와 땀의 결과임을 알기 때문이다.

약육강식의 전장에서의 생존법이란 자명하다. 승리를 원한다면 한 순간 한 순간 사소하게 보이는 부분이라도 소중하게 여기고 최선을 다해 노력해야 한다. 이런 매 순간이 쌓여 실력이 되어 승리의 역사를 쓰게 된다. 실행에 옮길 정도로 구체적이지 않는 수단은 아무런 도움이 되지 못한다.

구체적인 수단들을 가지고 말할 수 없는 몸부림을 치고 결전의 각오를 새롭게 해야 한다. 그러기 위해서는 남이 알지 못하는 외로움을 겪어야 하고, 남이 가지 않는 길을 걸어가 그곳에서 홀로 외로워해야 한다. 승리하는 삶, 아름다운 삶을 맞이하기 위해서는 삶의 변방을 수도 없이 울며 가야 한다.

집으로 돌아가는 퇴근 무렵
50키로를 달려와 도착한 곳
김포시 양촌면 신안리 덕포진
백오십 여년전 신미, 병인년에는
외세와 싸워 이긴 격전지였다
하루를 뜨겁게 달군 불덩이는
포구를 물들이며 지고 있는데
이양선이 출몰하는 도시의 일상에서
나는 쓰러지지 않기를 다짐하며
변방의 포구를 말없이 걷고 있다
생이 아름다워지기 위해서는
얼마를 더 이렇게 눈물지으며
외로워해야만 하는 것일까

(덕포진)

타인의 조언과
충고를 귀하게 여기라

장수가 오사칠계五事七計에 관한 나의 계략을 듣고 따르면 승리하게 되므로 그를 유임할 것이고, 반대로 듣지 않고 따르지 않으면 반드시 패할 것이므로 물러나게 할 것이다. 이익을 물어 따르면 세가 되어 타국에서의 전쟁에 이로울 것이다. 세라는 것은 이익에 따라 변화를 제어하는 것이다.

將聽吾計 用之必勝 留之 將不聽吾計 用之必敗 去之 計利以聽 乃爲之勢 以佐其外 勢者 因利而制權也

손자는 자신의 병법을 듣고 실천해 주기를 요청하고 있다. 만일 충정어린 자신의 계략을 듣고 실천하지 않는다면 그런 장수를 더 이상 머무르게 할 필요가 없고 물러나게 해야 한다. 장수는 물론 이利를 좇아야 하지만 이利를 알았을 때 이를 따르는 것聽 역시 중요함을 지적하고 있다. 손자병법은 오나라 합려에게 올리는 13가지 방법을 서술한 책이다. 만일 손자 자신의 계책을 듣고 따른다면 이길 것이므로 그대로 머물고, 만일 따르지 않는다면 패배할 것이므로 손무 자신이 떠나겠다고 해석하는 경우도 적지 않지만 손무가 책을 쓴지 2500여년이 지나고 그 이후 수많은 사람들의 손을 거쳤고 청대淸代에 와서 손성연孫星衍이 송대

宋代의 손자십가주孫子十家註를 옮기고 정리한 것을 생각해 볼 때 수많은 전장에서의 군주가 장군에게 하는 말로 새겨도 좋을 것이다.

세상 살기의 어려움을 누구는 사막이라고 하고 누구는 눈물의 골짜기라고도 부른다. 그만큼 세상 살아가기가 어렵다는 말이 된다. 험난한 세상을 잘 살아가기 위해서는 지혜가 필요한데 우리는 이 지혜를 얻기 위해 고군분투한다. 누구는 실패하고 성공하기도 하는 세상의 경험가운데서 지혜를 얻기도 하고, 누구는 절대자에게 의지하여 지혜를 구하기도 한다. 그러나 경험을 통해 지혜를 얻고자 한다면 당연히 이에 상응하는 많은 수업료를 지불해야 하며 절대자의 지혜를 구하기 위해서는 신앙의 길을 선택해야만 한다.

하지만 이런 방법 중에서도 가장 효과적이고 손쉬운 것은 나 자신을 위해 주는 주변 지인들의 따뜻한 조언과 충고가 으뜸이다. 그러기 위해서는 나에게 유익이 되는 타인의 조언과 충고를 겸손히 받아들일 자세가 되어 있어야 하며 상대의 이야기를 인내심 있게 듣고 때로는 기다릴 줄도 알아야만 한다.

장수에게 요구되는 덕목인 청聽에 대해 생각해 볼 때 자신의 말을 하기 보다는 주로 남이 나를 위해 해주는 말을 경청하는 쪽이 더 실리가 있다. 남의 말을 잘 듣기만 해도 내 지혜가 보충이 되어 세상을 살아가기가 쉬워 진다. 자세히 나를 관찰했던 주변 지인들이 들려주는 고견을 무시했다가 낭패를 당하고 신음하던 날이 얼마나 많았던가.

세상을 살아가는 데 있어 총과 칼이나 다름이 없이 요긴한 지혜는 도처에 있다. 지혜는 우리가 생각하는 것처럼 경원한 것이 아니라 지극히 평범하고 속된 것이기도 하다. 타인의 의견을 들어서 내 지혜를 보충하는 일, 지극히 상식적인 것을 받아들이는 단순함과 인내할 때 인내할 줄 아는 것처럼 값진 보물은 없다. 이것은 수없이 반복되어 온 지난 역사들을 통해 쉽게 배울 수 있다. 우리는 그 반복의 운율을 느낄 수 있어야 한다. 그래야 삶이 희망이 있다.

당신은 늘 나에게 와서 무언가를 중얼거렸다
나는 그 말이 무엇이며 당신은 누구인지
당신이 왜 그러는지 알고 싶지도 않았다
그러던 어느 날 당신의 말이 들리기 시작했다
몸짓을 지어 보이는 당신이 보이가 시작했다
당신이 내게 와서 살며시 건네는 말들은
내 가슴에 들어와 잔잔한 파도가 되었다
그동안 나와 당신 사이를 가로 막고 있었던
무관심의 세월을 어제는 잊으며 살고 싶다
사람이 하는 말을 제대로 알아듣기만 해도
세상은 이렇게도 쉽고도 편안한 것인데
사람들은 그 많은 세월동안 귀를 틀어막고
자기 말만 하다가 서둘러 하루를 마쳤다
그대가 하는 말이 이제야 들리기 시작했다
나는 걸어가 당신과 한 점이 되고 싶다
숨 쉬는 날 동안 당신의 동행이 되고 싶다

(당신의 말이 들리기 시작했다)

전쟁의 속임수는
칭찬받아 마땅하다

전쟁이라는 것은 속임수다. 따라서 능한 것을 무능하게 가장해 보이며 쓸 수 있는 것도 못쓰는 것처럼 보이게 하며 가까이 있지만 멀리 있는 것처럼 가장하며 멀리 있으나 가까이 있는 것처럼 가장하는 것이다. 조그만 이익으로 유인해 내며, 어지럽게 해서 실리를 취하고, 강하면 그것을 대비對備하며, 강하면 피한다. 분하게 하여 흔들리게 하며, 비천한 것으로 가장해서 상대를 교만에 빠지게 하고 상대가 편하면 피곤하게 만들며 이웃과 친하면 모함하여 이간한다. 준비가 안 되었을 때 공격하고, 뜻하지 않을 때 출격한다. 이것이 전쟁에서 승리하는 방법이니 눈치 채지 못하게 해야 한다.

兵者詭道也 故能而示之不能 用而示之不用 近而示之遠 遠而示之近 利而誘之 亂而取之 實而備之 强而避之 怒而撓之 卑而驕之 佚而勞之 親而離之 攻其無備 出其不意 此兵家之勝 不可先傳也

복잡한 일상의 질서를 유지해 나가기 위해서는 법이 유용한 도구가 되기도 하지만 법이 미치지 않는 구석구석의 부분에서는 역시 인간의 양심에 의지할 수밖에 없다. 그래서 도덕군자는 평상시에는 존경받아 마땅하다.

하지만 윤리적으로 미덕이 되는 삶만이 모든 일상에서 다 일관되어서도 안 된다. 생사를 가르는 전장에서는 인간의 이기심이 끝없이 발동되어야 한다. 경쟁에서 이기기 위한 인간의 이기심만큼 끝이 없고 은밀한 것도 없다.

그런데 만일 전쟁에 있어 이기심에 기초한 속임수를 금한다면 어떻게 될까? 말하자면 신사답고 윤리적인 전쟁을 하라고 한다면 말이다.

〈좌전〉에 나오는 춘추시대 송의 양공의 고사를 참고할 필요가 있다. 좌전에서는 진을 갖추어 싸우는 것을 전쟁皆陣曰戰이라 하였다. 속임수로 이긴 것은 전쟁에서 이긴 것이 아니라 그냥 싸움에서 이긴 것으로 치부했던 것이다. 송나라가 초나라와 싸울 때 송나라는 수적으로 열세였다. 홍수泓水에서 싸울 때 사마자어가 양공에게 간하기를 초나라 군대가 물을 건너오는 오느라 진영을 갖추지 못할 때를 이용해서 공격하자고 하였으나 송공은 신사적인 방법이 아니라고 하여 대군이 물을 다 건너와 진영을 갖추기 전에 공격을 하지 않았다. 결과는 참담한 패배였다. 대군이 강을 건너와 진영을 정비하여 송군을 치기까지 기다려 준 꼴이 되었으니 후세의 웃음거리가 되었다.

손자 13편 중 7편 군쟁편 에서는 전쟁은 사기다兵而詐立라고 말한다. 전쟁에는 상대를 속이는 것을 꺼려하지 않는다는 말이다. 전쟁에서 적을 속이는 것은 부끄러운 일이 아닌 도리어 칭찬받을 일인 것이다. 손자병법에 기술된 것처럼 춘추시대 이후 전쟁에서 사기적인 것이 기본 병법이라는 사실은 일반적으로 받아들여지고 있다.

전쟁에서 내가 살고 적을 이기기 위해서 교묘하게 속이고 숨기는 일은 칭찬받아 마땅하다. 전쟁은 윤리도덕을 넘어서는 차원이 다른 세계이기 때문이다.

원래 사람은 상황에 따라 두 개, 세 개 아니면 그 이상으로 나뉘고 분열되어서 상황에 적합한 변화와 처신을 할 수 있어야 한다. 전쟁 통에서는 더 말할 나위가 없다. 어쩌면 그것이 생명의 참 모습일 것이다. 변화를 거부하거나 유연성을 상실하는 것은 시체들의 특성이다.

우리는 하나가 아니다. 필요할 때는 부끄럽기도 하지만 주저함 없이 계책을 꾸미며 그 이상이 되어야만 한다. 비겁할 필요가 있다. 그것은 생명에게 요구되는 본능적인 윤리다. 하나로 일관되어야 한다는 것은 희망일 뿐이다.

전쟁에서 남을 속이는 일은 대수가 아니다. 그것이 전쟁의 역사였다. 원래 인간은 신성과 수성을 지닌 존재다. 그것이 인간 존재의 본질이다. 기독교의 사도 바울 역시 자신의 이중성을 괴로워하면서 자신이 괴수 중의 괴수라고 자책을 하였다. 사탄 마귀 중의 마귀고 더 이상 악할 수 없는 극한의 악한 존재라는 고백이었다.

지나온 삶은 이 점에서 늘 취약하였고 선비연하는 이데올로기에 갇혀 있었다. 태연히 뒷짐을 진채 강건 너 불구경을 하듯이 하고 있다가 남들이 이익을 취해 갈 때면 그들을 경멸하면서 비난하였다. 그들처럼 하지 못하는 것을 합리화하고 자신을 위로하기 위해 그들을 지탄하였던 것이다.

한참 세월이 지나고 나서야 그 때 그 현장이 전쟁터였다는 사실을 깨달을 수 있었다. 그 때는 젊어서 그랬을까? 나이 지긋한 사람들이 비겁해서 그랬을까? 세월이 지나고 보니 비겁이고 용기고 하는 것들이 다 소용이 없는 공허한 구호들이었다. 전쟁터를 전쟁터로 인식하지 못한 안이함이 문제였다. 유연한 태도를 가질 필요가 있으며 일정한 틀에 갇히지 않기를 다시 소망한다.

사람은 늘 한결 같아서

안과 밖이 같아야 한다고 말들을 하지만

세상에는 하나가 둘이 되고

둘이 하나가 되는 것들이 많다

나는 하나가 아니다

내 안에는 나도 모를 또 다른 내가 있어

끝없이 나를 배반하곤 한다

내가 내안에 있는 그것과 하나가 되는 때는

숨이 넘어간 그 순간일 것이다

생명은, 뜨겁게 살아 있는 생명은

언제나 하나가 아니라 둘이다

하나여야 하는 것은 오직 희망일 뿐이다

(살아 있는 것은 하나가 아니다)

싸우지 않고서도 승패를
알 수 있다

대저 전쟁을 치루기 전에 묘산廟算[1]에서 이기는 것은 계산하는 것이 많아서이며 전쟁을 하기 전에 묘산에서 이기지 못하는 것은 계산하는 것이 적기 때문이다. 계산이 많은 자는 이기고, 계산이 없는 자는 진다. 그러니 하물며 계산이 없다면 말할 것이 무엇이랴. 나는 이것을 보면 저절로 승부를 알 수 있다.

夫未戰而廟算勝者 得算多也 未戰而廟算不勝者 得算少也 多算勝 少算不勝 而況
於無算乎. 吾以此觀之 勝負見矣

손자는 전쟁을 하기 전 작전회의에서 적군과 아군의 전력을 구체적으로 비교하여 우위에 서면 전쟁을 하지 않고서도 상대를 물리칠 수 있도록 할 것과 만일 열세라면 전쟁을 치르지 말고 복종하면서 때를 기다리라는 실리적인 면을 충고하고 있다. 전쟁을 하자면 천문학적인 비용이 들어갈 뿐만 아니라 국토가 유린되고 국민들의 일상이 피폐해지게 되므로 굳이 전쟁을 치를 필요가 없다. 문제는 아군과 적군의 객관적인 전력을 구체적인 지표를 통해 계산해 낼 수 있는가 하는 것이다. 이것이 묘산 하는 일이다. 묘산이 이루어지고 나서야 군사들을 야전으로 보

---

1 묘산(廟算) : 작전회의에서 승패에 관한 수를 계산하는 것

내 전투를 하게 할 수 있다.

전쟁을 치르기 전 승패에 관한 수를 계산하는 작전회의에서 기탄없고 주저 없는 자신의 의견을 피력할 수 있는 분위기가 되어야 하고 좋은 의견은 언제나 채택될 수 있어야 한다. 이것은 리더가 해주어야 할 부분이다. 현실은 우리가 생각하는 것 보다 훨씬 교활하고 악하며 말할 수 없이 정교하다.

이처럼 계산하는 일이 필요하다. 세상의 모든 일을 일일이 다 경험을 통해 확증할 수는 없다. 중요한 것은 경험에 있는 것이 아니라, 이러한 다수의 의견을 통해 전쟁의 구조와 본질을 이해해야만 한다는 것이다. 그것이 전쟁에서의 승패를 가르는 일이다.

철저하게 이런 과정을 거쳐야 한다. 전쟁에서는 작전회의에서 많은 의견이 자유롭게 개진되어 일의 구조와 본질을 구체적으로 이해하여 이기는 계산을 많이 하고 잘못에 대처하는 계산을 많이 하면 승리할 수 있다. 이러한 계산을 잘 해야지만 기회가 왔을 때 기회를 잡을 수 있다.

두루뭉술한 것들은 다 가라
세밀한 것을 아는 것이 중요하다
잘 모르게 되면 추상적이 된다

애매모호한 것과는 결별하라
그것들이 아무 소용이 없다는 것을
세상이 나에게 가르쳐 주었다

중요한 것은 구체적인 것이다
말을 해도 구체적으로 할 것이며
사과를 해도 구체적이어야 하며
사랑을 해도 구체적으로 하라

가서 거짓말인지 시험해 보라
구체적이고도 일관성 있게 행하라
그것이 그대를 지켜줄 것이다

(구체적으로)

제 2 장

작전편
作戰篇

기회요인과 위협요인

작전이라함은 전쟁을 시작한다는 의미다. 작전 편에서는 전쟁의 해로운 점과 이로운 점을 언급하고 있다. 해로움이란 전쟁비용을 부담해야 한다는 것과 전쟁을 치르는 기간이 길어질 경우에 생기는 폐단이다.

반대로 전쟁의 이로움은 적지에서 식량과 무기, 사람 등을 약탈하여 보충할 수 있다는 것과 속전속결로 이겼을 경우의 이로움이다. 마지막으로 장수에게 경고하는 부분과 아울러 장수의 중요성에 대해 언급하면서 끝을 맺는다.

손자는 인간내면의 이기심과 이긴 자의 관용에
따를 수밖에 없는 패배한 자의
불안한 심리를 잘 알고 있었다.
겉으로 보기에는 별스런 일이 아닌 것 같지만
실제로는 전쟁에서 승리하기 위해 대단히 유용한 기술이다.
전쟁에서 총, 칼 이상의 위력을 발휘하는 것이
인간의 정서와 이기심을 발견하고 이용하여
전쟁을 수행해 나가는 것이다.
이것이 증폭되면 엄청난 에너지가 생긴다.

전쟁에는 막대한
희생이 따른다

전쟁을 하려면 전차 1,000대 수송을 하기 위한 마차 1,000대, 병사 10만
으로 하여금 천리 길로 식량을 날라며 하며 나라 안 밖의 경비와 외교
접대비용 군수용 자재와 물자의 조달로 하루 비용이 천금이 있어야 십
만의 군대를 일으킬 수 있다.

孫子曰 凡用兵之法 馳車千駟 革車千乘 帶甲十萬 千里饋糧 則內外之費 賓客之用
膠漆之材 車甲之奉 日費千金 然後十萬之師擧矣

적은 것을 아껴 쓰는 것이 미덕이다. 사치를 일삼으면 정신을 망가
뜨린 후 육체를 집어 삼킨다. 검소 보다 귀한 것은 없다. 그런데 전쟁을
치르게 된다면 전차와 마차 각 1천대, 10만의 병력과 천리 길로 식량을
날라야 할 정도의 막대한 군비가 들어간다. 현대전에서는 지금 언급되
고 있는 것과 비교가 되지 않을 정도로 막대한 군비가 필요하다. 전쟁
의 해악으로 전쟁에 소요되는 비용에 관한 내용이다.

전쟁에 소요되는 인적, 물적 자원에 관한 재정적인 문제는 중요하다.
제 13편 용간 편에도 이처럼 막대한 전쟁비용을 일비천금日費千金으로 정
의하고 있을 정도로 엄청나서 전장에 휩쓸리면 민생이 파탄이 난다. 김
훈의 소설 〈흑산〉을 읽다보면 이양선이 자주 출몰하던 조선후기 사직

이 파탄 나고 있는 민생을 묘사하는 장면이 나오는데 이것이 바로 전쟁의 참상일 것이다.

아이의 고기를 먹은 자들을 잡아 문초하니, 아이를 죽여서 먹은 것이 아니라 죽은 아이를 주워서 구워먹은 것이라고 항변하니, 아 어찌 차마 들을 수 있는 말인가, 어찌 죄를 물을 수가 있으며 또 어찌 죄를 묻지 않을 수가 있겠는가(김훈, 흑산, 학고재).

전쟁은 한마디로 물자를 쏟아 붇는 것이다. 그뿐이랴, 전쟁이 오래 갈수록 물자가 고갈되어 사람이 사람을 잡아먹는 일까지 나타나는 것이다. 그래서 전쟁의 참상은 겪어 보지 않은 사람은 모른다. 전쟁을 앞둔 사람의 마음은 초조할 수밖에 없다. 다음에 소개되는 시는 가장이 직장과 가정에서의 일상, 특히 인간성이 매몰되어 가는 도시생활자의 삶을 전쟁으로 묘사하고 있다. 그는 자신을 전쟁터의 장수로 여겨 일상의 전쟁에서 승리하기 위해 역사적으로 승리한 격전지를 찾아가 영감을 받으려고 몸부림치고 있다. 전쟁을 염두 해 둔 가장의 마음이 결연하게 전해져 온다.

임란의 함성이 들려오는 행주산성

아홉 차례나 밀고 밀리는 사투 끝에

이천삼백명 으로 삼만을 물리친 곳

피비린내 나는 전투가 어찌 그날 만이랴

인생의 날들이 모두가 전투인 것을

그 날의 장수가 되어 산성을 오른다

언덕배기 절벽 아래는 푸른 한강수

사방이 도망 칠 곳 없는 낭떠러지

절망 속에서도 희망을 놓지 말라며

겨울나무가 내려 보며 호되게 꾸짖는다

나의 생애는 늘 이렇게 전투일 것이다

아카시아 향 진동하는 꽃피는 사월이나

낙엽이 날리기 시작하는 시월이 오면

산성에 올라 쓸쓸하게 비목을 부른다

아아, 어찌 노래하지 않을 수 있으랴

피와 땀에 젖은 행주의 바람을

(격전지에서 쓰는 편지)

전투는 속전속결로
처리하라

전쟁을 할 때 오래 끌어 이기려 하면 군대가 둔해지고 사기가 꺾이며 성을 공격하더라도 힘이 다하고 병사들을 전장에 두면 국가가 피폐해 진다. 군사력이 약화되고 사기가 꺾이며 재정이 피폐해 지면 허술한 틈을 타고 다른 나라가 치려고 일어나게 되니 비록 지혜가 있어도 능히 그 후를 감당하기 어렵다. 그런고로 전쟁은 속전속결로 치러져야 한다는 말은 들어 보았어도 기교를 가지고 오래 끄는 것은 본 적이 없다. 대저 전쟁을 오래 끌어 나라에 이익이 되는 일은 아직 없었다. 고로 전쟁의 해되는 점을 알지 못하는 자는 당연히 전쟁에 유익한 점들을 알 수가 없다.

其用戰也 勝久則鈍兵挫銳 功城則力屈 久暴師則國用不足 夫鈍兵挫銳 屈力彈貨 則諸候 乘其弊而起 雖有智者 不能善其後矣 故兵聞拙速 未睹巧之久也 夫兵久而 國利者 未之有也 故不盡知用兵之害者 則不能盡知用兵之利也

모든 일에는 다 때가 있다. 특히 좋지 않은 일에 시간을 끌게 되면 결국 손해를 보게 된다. 막대한 비용과 희생이 따르는 전쟁 같은 대사일 경우에는 속전으로 처리하는 것이 어느 모로 보나 도움이 된다. 전쟁이라는 것도 결국은 사람이 수행하는 것일진대 병사들뿐만 아니라 전쟁터가 되는 곳의 백성들 피해 또한 엄청나서 나라 안팎이 모두 피폐해 진다. 제13편 용간 편에 보면 전쟁이란 서로 마주보며 수년을 대치하다가도 하루의 승리를 다투는 相守數年 以爭一日之勝것이라고 하는 대목이 나오는데 과거에도 수년씩이나 끌었던 전쟁이 있었던 모양이다. 지구전을 하게 되면 전력이 바닥이 나서 최종적인 단계인 공성攻城에 차질이 생기게 된다. 그래서 결국 전쟁을 치루는 목적을 달성하지 못하는 것이다.

전쟁에 한정할 것이 아니다. 만사에는 다 때가 있으니 그 때를 안다는 것은 대단히 중요하다. 절제와 규모 있는 삶을 살지 못하다가 결국 무리를 하게 되고 몸이 망가져 병원에 입원해서 수술을 기다리던 날이었다. 그 때 병든 자신이 할 수 있는 일이라는 것은 환자복을 입고 눈을 잔뜩 뒤집어 쓴 채 잠이 든 창밖세상을 쳐다보는 것이었다.

지난 여름날 각 병실마다 시원한 냉기를 제공하느라 고단했을 쿨링타워가 가동을 멈춘 채 휴식하고 있는 것을 멍하니 바라보거나 눈이 내려 파묻혀 버린 세상길들과 눈꽃을 피운 나목을 바라보며 자신의 불안한 오늘을 자책하였다. 그 때서야 비로소 나는 세상의 모든 만사에는 다 정한 기한과 때가 있다는 것을 알았다. 인생에 있어서도 때는 중요하다. 참고 인내해야 할 때와 전쟁을 선포할 때를 알아야 한다. 전쟁을 치루더라도 속전을 할 것인가 아니면 지구전을 펼칠 것인가를 결정해야 할 때가 올 것이다.

이비인후과 병동에 갇혀
말없이 눈 내린 세상을 본다
세상은 온통 눈의 마법에 걸려
눈을 감은 채 기도 중이다

모든 일에는 다 때가 있다
사랑할 때와 서로 다툴 때와
신명에 차서 우쭐거릴 때와
오늘처럼 수술 날을 기다리며
창밖을 바라보는 때가 있다

어제의 평범한 일상이 그립다
귓전을 울리며 깔깔대던
늦둥이의 웃음소리가 그립다
나는 다시 돌아갈 수 있을까
내 지지자들이 모여 사는
천국 같은 내 집의 일상으로

(모든 것에는 때가 있다)

백성을 위한다면 식량은 현지에서 조달하라

용병을 잘하는 장수는 두 번 징집하지 않고 식량을 세 번 싣지 않으며 용병에 필요한 것은 자국에서 취하고 군사가 먹을 식량은 적국에서 취한다. 그래야 군사들이 배불리 먹을 수 있을 것이다. 전쟁으로 인해 나라가 어려워지는 것은 물자를 멀리보내기 때문인데 그렇게 되면 백성이 빈곤해진다. 군대 주둔지 근방에서는 물가가 비싸고 그런 까닭에 백성의 재물이 탕진된다. 재물이 다 탕진되면 부역이 어려워진다. 국력이 기울고 물자가 탕진되면 나라 안은 텅 비게 되며 백성은 비용의 10의 7씩이나 부담해야 된다. 국가에 대는 비용으로 수레는 파괴되고 말은 지치며 갑옷과 투구, 활과 화살, 창과 방패, 소와 큰 수레 중 10의 6할은 못쓰게 된다. 그래서 지혜 있는 장수는 적의 식량을 취하기를 힘쓰고 적의 식량 한 종鍾을 먹으면 자국에서 가져오는 식량 20종과 맞먹으며 말먹이 1석은 20석에 맞먹는다.

善用兵者 役不再籍 糧不三載 取用於國 因糧於敵 故軍食可足也 國之貧於師者遠輸 遠輸則百姓貧 近於師者貴賣 貴賣則百姓財竭 財竭則急於丘役 力屈財殫中原 內虛於家 百姓之費 十去其七 公家之費 破車罷馬 甲冑矢弩 戟楯蔽櫓 丘牛大車 十去其六 故智將務食於敵 食敵一鍾 當吾二十鍾 秆一石 當吾二十石

전쟁 물자의 보급은 몸의 혈관과 같은 것이다. 전쟁이 길어지고 수송과 보급이 잘 되지 않으면 전쟁에서 진 것이나 마찬가지다. 지혜 있는 장수는 원정을 가서는 모든 필요한 물자들을 본국에서 보급 받지 않고 공격해 들어가 현지에서 조달해야 한다. 현지에서 약탈을 통해 조달해야 할 품목은 군량미와 무기와 사람이다. 양식은 당연히 십만의 거병을 먹일 양식을 말한다. 무기라 함은 갑옷과 투구, 활과 쇠뇌와 창, 크고 작은 창과 방패들, 전차와 마차를 말한다. 고대에 있어서는 이러한 무기들을 주로 죄수들이 만든 것을 사용하였다. 포로로 잡은 사람의 경우 보통 후환을 없애기 위해 모두 죽이는 경우가 대부분이었다. 적의 포로 중 남자는 죽이고 여자는 강간을 일삼았다.

군수물자의 경우 자국을 통해 충당할 경우 거리가 먼 관계로 비효율적일 뿐 아니라, 물자 부족으로 자국의 물가가 오르게 되며 백성들이 살아가기가 점차 힘들어져 마침내 자신이 살던 곳을 떠나서 유리하는 사람들이 나오게 된다. 나라 밖의 전쟁도 중요하지만 자국의 국내 안정을 유지하는 가운데 전쟁을 수행해야만 승리할 수 있다.

지혜 있는 장수는 백성을 지극히 사랑하는 장수다. 그래서 백성들로 하여금 군수물자를 조달하는 애로를 조금이라도 덜어 주려고 애를 쓰게 된다. 백성을 사랑하는 마음이 간절하다 보면 하늘도 감동하여 이런저런 모양으로 지혜가 생긴다. 임금이나 장수에게 애민愛民하는 마음이 있을 때 전쟁은 모든 사람들의 전쟁이 되어 승리를 약속하게 된다. 전쟁터에 나간 장수는 이러한 백성을 사랑하는 마음을 어버이가 자식을 사랑하듯 해야 한다. 전쟁은 총칼로만 하는 것이 아니기 때문이다.

사랑은 고단한 육신을 이끌고
먼 길을 달리고 항해하여
그대를 만나러 가는 일이다

사랑은 오로지 일심이어야 한다.
병들어 죽어 가는 생명들을
자신의 혈육처럼 여기며
폭풍 속을 달려가는 것이다

사랑은 언제나 목숨을 걸어야 한다
오해와 질시에 온 몸이 서러워도
나 하나만은 흔들리지 말아야한다

사랑은 무식하게
사랑은 전투하듯 그렇게 해야한다
너 하나만을 위한 사랑은

(너 하나만을 위한 사랑)

승리하면 강해지나
더욱 조심하라

적을 죽이려면 군사들을 노하게 만들어야 하며 적이 가진 이익을 취하
려면 뺏어 온 자에게 상으로 주어야 한다. 전차 10대 이상을 빼앗았으
면 먼저 빼앗은 자에게 상으로 주고, 그 깃발을 바꾸어 달고 전차에 적
과 함께 섞여서 타고 적의 병사를 잘 대우해 주어 우리 편으로 양성하
면 이것이 바로 적을 이겨 더욱 더 강해지게 되는 이치다. 그래서 전쟁
에서는 승리가 귀하고 오래 전쟁을 벌이는 것이 귀한 것이 아니다. 전
쟁의 핵심을 잘 아는 장수는 백성들의 생명줄을 관장하는 자요 국가 안
위를 결정하는 주인공인 것이다.

故殺敵者怒也 取敵之利者貨也 故車戰得車十乘已上 賞其先得者 而更其旌旗 車
雜而乘之 卒善而養之 是謂勝敵而益强 故兵貴勝 不貴久 故知兵之將 民之司命 國
家安危之主也

전쟁을 하는 것이 능사가 아니며 이길 수 있는 수단과 방법을 택해
지혜롭게 수행하는 것이 중요하다. 적의 군사를 죽이기 위해서는 아군
병사들의 분노를 이용해야 하고, 적의 재물을 빼앗기 위해서는 빼앗아
온 자에게 그 재물을 포상으로 주는 것이다. 이와 같이 손자는 전쟁을
수행하는데 있어 인간의 감정과 이기적인 본성이라는 심리전 까지 염
두 해 두고 있음을 알 수 있다. 전쟁에서 이기는 편으로 자연스럽게 사

람과 물자가 몰리게 되고 패자는 승자의 요구에 따를 수밖에 없다. 그러니 이긴 자는 더욱 강해진다.

손자는 인간내면의 이기심과 이긴 자의 관용에 따를 수밖에 없는 패배한 자의 불안한 심리를 잘 알고 있었다. 겉으로 보기에는 별스런 일이 아닌 것 같지만 실제로는 전쟁에서 승리하기 위해 대단히 유용한 기술이다. 전쟁에서 총, 칼 이상의 위력을 발휘하는 것이 인간의 정서와 이기심을 발견하고 이용하여 전쟁을 수행해 나가는 것이다. 이것이 증폭되면 엄청난 에너지가 생긴다.

나아가 적의 포로를 죽이지 않고 잘 먹이고 후대하여 아군 쪽으로 회유를 하여 아군으로 쓴다는 것은 획기적이다. 즉 병력 역시 군량이나 군수물자와 같이 적의 포로를 이용하여 대체할 수 있는 품목으로 본 것이다. 이것은 실리적인 방법일 뿐만 아니라 또 다른 면에서는 휴머니즘적인 발상이기도 한데 이점이 바로 손자의 매력이라고 할 것이다. 승리했다고 하여 전쟁에서 생포한 포로를 죽이거나 상대의 굴종을 요구할 것이 아니라 도리어 그들이 예상하지 못했던 관용을 베풀어 후대한다면 이 역시 적을 내 편으로 만드는 기술일 것이다. 누구나 명심할 일은 이기고 성공할 때 조심해야 할 뿐 아니라, 이 승리를 다음 승리의 재료로 삼아야 한다. 승리한 순간에 교만해 지는 것은 지금껏 헌신해서 이룬 모든 것을 한 순간에 다 잃게 된다. 겸손해야 한다. 인간에게 요구되는 것은 그것 이상의 덕목이 없다.

그리고 말할 것도 없이 인생은 기브 앤 테이크다. 내가 베풀어 상대를 지켜주면 상대는 이에 대한 답례로 따르게 되어 있다. 누군가 주는 것은 잃는 것이 아닌, 평균이상을 지키는 것이라고 하지 않았던가. 전쟁의 전리품을 가지고 적군을 우리 편으로 매수하기 위해 적절하게 나누어 줄 필요가 있다. 마차를 탈취하면 적의 깃발을 뽑아내고 아군의 깃발을 꼽으며 적군의 마음을 돌이킨 후 아군 편으로 만들어 함께 돌진해 나가게 만든다. 이런 조치들을 통해 이기는 자는 큰 힘을 들이지 않더라도 구르는 눈덩이처럼 커지고 강성해 진다.

지난날을 되돌아보면 자신이 승리하는 날에 패자의 아픔을 헤아리지 못했다는 생각이 든다. 다른 사람의 인생은 아무것도 아닌 것으로 여겼을 뿐만 아니라 자신의 인생을 위해 타인을 생을 적당한 배경으로 삼으며 자신의 욕심만 채우며 살아온 세월은 아니었나 하고 반성해 보게 된다. 나이가 조금씩 들다보니 평소 보이지 않던 이런 주변의 어두운 그림들이 눈에 먼저 들어오기 시작했다.

젊었을 때는 자기가 주인공이라고 생각해서 주변을 볼 여유가 없었다. 그것은 진정한 삶이 아니었다. 자기의 삶이 중요한 만큼 타인의 삶이 중요한 것을 알아야 마땅했고, 자기가 이겼을 때 패한 상대의 마음을 헤아려 부축하고 위로해 주는 아량이 있어야 했다. 그러나 그렇지 못했다. 그래서 곤고한 오늘을 자책하게 된다.

끝으로 전쟁에는 졸속이어도 좋으니 속전속결로 치루어 이기는 것이 최고의 목표다. 사기 천관서天官序 편에 나오는 하늘 문창궁文昌宮에 있는 6개의 별 중 4번째의 별이름을 사령이라고 한다. 이 별은 사람의 생사와 수명을 결정하는 신인데 손자는 장수를 사령으로 본 것이다. 전쟁에서 승패와 병사들의 생과 사를 좌지우지하는 막중한 자리에 있기 때문이다.

그대가 원하는 일이면 그렇게 하라

내가 가장 만만하다면 그렇게 하라

밟고 또 밟다가 마침내는 잘라 버리고

그렇게 해서 그대들의 자리가 넓어지고

그대들이 더 높아진다면 그렇게 하라

내가 할 일은 두 눈 뜨고 바라보며

꿈틀대지 조차 않고 당하고만 있을 뿐

복수를 위해 그런 것이 아니다

한 없이 서러워지고 낮아져서

내 혹시 그대들의 자리에 섰을 때

당하는 자들을 헤아리기 위함이다

그대들이여, 원하면 그렇게 하라

(원하면 그렇게 하라)

제 3 장

모공편
謀攻篇

싸우지 않고
상대의 계획을 무너뜨려라

손자는 싸우지 않고 이기는 것을 중시하였다. 모공謀攻 즉, 상대방의 공격
계획 자체를 꺾는 것을 최선의 병법으로 보았으며 야전으로 나가 성을 공
격하는 것은 불가피한 경우에만 해야 한다고 하였다. 제3편 모공에서는
모공의 중요성과 방법 그리고 전쟁에서 이기는 5가지에 방법에 대해 언급
하고 있다. 이것은 다름이 아닌 바로 나를 알고 상대를 아는 내용들이어
서 백 번 싸워도 위태롭지 않게 된다知彼知己者 百戰不殆.

상대와 싸워 이기는 법은 5가지
함께 싸울 수 있음과 함께 싸울 수 없음을 알면 승리한다.
많고 적음의 싸움법을 아는 자는 이기며
임금과 백성이 한 마음이 되면 이긴다.
만반의 준비를 하고 적의 허술함을 기다리면 이긴다.
장수가 능하고 임금이 간섭하지 않으면 이긴다.

백번 싸워 백번을 이겨 보아야
결국 어리석은 일

무릇 전쟁의 실속은 적국을 그대로 두는 것이 최상이고 공격하는 것이
차선이며 적군을 온전히 두고 이기는 것이 최상이고 공격하는 것이 차
선이며 적군의 병사들을 그대로 두고 이기는 것이 최상이고 공격하는
것이 차선이며 적군의 대오를 그대로 두고 이기는 것이 최상이고 공격
하는 것이 차선책이라. 그런 까닭에 백번 싸워 백번 이기는 것은 최선
의 방법이 아니다. 싸우지 않고서도 굴복시키는 것이 최선책이다.

孫子曰 凡用兵之法 全國爲上 破國次之 全軍爲上 破軍次之 全旅爲上 破旅次之
全卒爲上 破卒次之 全伍爲上 破伍次之 是故百戰百勝 非善之善者也 不戰而屈人
之兵 善之善者也

손자는 가장 좋은 병법으로 상대의 작전의도를 꺾는 것을 높이 평가
했다. 상병벌모上兵伐謀라고 하듯이 직접 성을 공격하는 것 보다 전쟁을
시작하기 전에 상대의 전의를 꺾는 벌모伐謀를 먼저 택할 것이고, 그 차
선으로 외교적으로 고립을 시키는 벌교伐交, 그 차선으로 적의 군사를
치는 벌병伐兵을 마지막 부득이한 최후의 수단으 성을 공격하는 공성攻
城을 들었는데 이중 공성을 가장 안 좋은 병법으로 보았다.

따라서 손자의 입장에서는 백번 싸워 백번을 이기는 것이 잘하는 것
이 아니라 안 싸우고도 상대를 제압하는 것이다. 살아보면 결국 세상

은 기氣 싸움이라는 것을 깨닫게 된다. 그래서 폼이 중요하다. 상대가 하는 폼세를 보고 분위기에 눌리는 것이다. 사람들은 목숨이 마치는 그 순간까지 끊임없이 기 싸움을 벌인다. 그래서 기 싸움은 실전을 방불케 한다. 기는 결국 영육의 강하고 약한 상태를 반영하므로 근거가 없는 것도 아니다.

적의 공격의도
그 자체를 꺾어라

최상은 싸우려는 의도를 꺾는 것이고 다음으로 고립을 시키며 그 다음으로 병사를 치는 것이며 성을 공격하는 것은 안 좋은 방법인데 가급적 성을 공격하는 것은 부득이한 경우에만 할 것이라. 방패와 성을 공격하는 전차를 준비하는 데 3달이나 걸리며 공격용 흑산을 쌓는 데 또한 3개월이 걸린다. 장수가 분을 참지 못하고 성에 달라붙어 오르게 하여 병사들의 3분의 1을 죽이고도 성을 함락시키지 못하는 것이 성의 공격으로 인한 재앙인 것이다.

故上兵伐謀 其次伐交 其次伐兵 下政攻城 攻城之法 爲不得已 修櫓轒轀[1] 具器械 三月而後 成 距闉[2]又三月而後已 將不勝其忿 而蟻附之 殺士三分之一 而城不拔者 此攻之災

가장 좋은 싸움법은 벌모伐謀다. 적의 공격계획 내지 의도 자체를 쳐서 무력화시키는 것이다. 소극적인 방법 같이 보일지 모르나 실제로는 가장 경제적인 전쟁 수행방법이다. 그래서 노련한 전장의 장수는 벌모에 능하다.

이는 상대가 도무지 더 이상 손을 써 볼 도리도 없이 지게 만드는 급

---

1 轒轀(분온) : 성을 공격하는 수레. 병사를 보호하기 위해 가죽으로 만듦.
2 距闉(거인) : 성 안을 정탐하거나 공격하기 위해 성 맞은편에 흑으로 쌓아 올린 흙산

소 공략법과도 같은 것이다. 오랜 시간과 물자를 쏟아 붇지 않고서도, 많은 군대의 병사들을 희생시키지 않고서도 전쟁의 승리를 가져올 수 있으니 이 보다 좋은 것이 없다.

　장수가 분을 참지 못하여 무리하게 성을 공격하게 명령을 발하여 병사의 3분의 1을 죽게 만드는 일은 한 번 생각해 볼 문제다. 분을 참지 못함으로 인해 수욕을 입게 되고 자신은 물론 병사들을 죽게 만든다. 때로는 기다리는 것도 공격하는 것 이상으로 좋은 전쟁의 수행이된다.

　살아가면서 참을 수 없는 순간에도 참아야 하며, 무모한 행동으로 나가지 말아야 한다. 일을 벌이는 것뿐만 아니라, 참고 기다리는 것도 또한 일을 하고 있는 것이다. 살아온 경험으로 볼 때 생의 9할이 모두 기다림이었다.

　인내해야 할 때 참고 잘 기다리는 것은 어린 아이 뿐만 아니라 나이가 든 어른들에게 도 꼭 필요하다. 잘 기다리면 인생의 절반 이상은 성공한 셈이다. 잘 기다릴 줄 아는 것은 장수에게는 더욱 더 요구되어지는 덕목이라 할 것이다.

비 내리는 날 와우 산을 넘는다
산다는 것은 기다리는 것이다
속고 속으면서도 기다리는 것
그것이 내가 산 삶의 정체였다
돌아보면 훤하게 알 것이다
─ 삶의 9할이 기다림이었다는 것을
기다림은 외로움이다
와우 산 정상을 지날 즈음
비는 눈으로 변해 아우성이다
이생에 왔다가는 짧은 여정에서
잘 기다릴 수 만 있어도
이미 그대의 절반은 성공이다

(기다림에 대하여)

싸우지 않고 이겨야 하며
필요하면 즉시 도망쳐라

전쟁에 능한 자는 병사들을 굴복시키되 전쟁을 하지 않으며 성을 함락시키되 공격하지 않으며 적국을 굴복시키되 지구전을 하지 않는다. 온전한 상태로 다투고도 천하를 얻는 것이 필요하다. 따라서 병사들이 힘들이지도 않고 온전히 승리를 쟁취할 수 있으니 이를 일러 계략으로 적을 공략하는 법이라. 고로 전쟁하는 법은 10이면 포위하고 5면 공격하고 2가 되면 나누고 적당하면 능히 싸우고 적으면 수비하고 대등하지 않으면 36계 줄행랑을 쳐야한다. 고로 적은 적이 완강하게 싸우면 큰 적에게 사로잡히게 된다.

故善用兵者 屈人之兵 而非戰也 拔人之城 而非攻也 毀人之國 而非久也 必以全爭
於天下 故兵不頓 而利可全 此謨攻之法也 故用兵之法 十則圍之 五則攻之 倍則
分之 敵則能戰之 少則能逃之 不若則能避之 故少敵之堅 大敵之擒也

어떻게 하는 것이 전쟁을 잘 치르는 것인가. 그것은 전쟁을 치르지 않고도 적을 굴복시키며, 공격을 하지 않고서도 성을 함락시키고 장기전을 치르지 않고서도 상대를 이기는 것이다. 이를 위해 서로의 실력을 비교해 보아야 한다. 실력의 차이가 어느 정도인가에 따라 용병의 방법도 달라진다. 여기서는 최소한 2배 이상의 병력의 우위를 여유 있는 용병의 숫자로 보고 있는 듯하다. 아군의 병력이 적의 10배면 포위하고, 5배면 공격할 수 있고, 2배면 나누어 운용하며, 비슷하면 싸우고 열세가 되면 앞뒤 볼 것 없이 도망을 쳐야 한다.

살아가면서 삶에 중요한 사실들은 언제나 늦게 깨우치는 것이 문제다. 모공의 중요성도 아는 일도 그렇고 내 힘이 부족하면 그것을 인정하고 숙이고 들어가는 겸손함도 필요하다. 없는 자가 있는 척 하려고 했고, 모르는 자가 아는 자처럼 행동 하려고 했고, 내 의견이 옹색함에도 이를 합리화 하고자 했다. 그 결과 풍부한 주변의 도움을 얻지 못하고 스스로 고립되는 사지를 택해 들어갈 뿐이었다.

아무리 어렵더라도 군자는 남의 곁불을 쬐지 않는다는 자존심으로 실리를 취하지 못했다. 내 스스로를 관념의 감옥에 가두고 필연적으로 궁핍한 길을 걸을 수밖에 없었다. 약한 자가 강한 척하고 숙일 줄을 모르면 잡아먹힐 수밖에 없는 것은 자명하다.

힘이 부족할 때 도망치는 것은 그렇게 부끄러운 일이 아니었다. 그렇게 하지 못해 상대의 포로가 되는 것이 더 어리석은 일이다. 언제나 이런 소중한 깨우침은 막차를 타고 늦게 왔다. 그것이 생의 아이러니다.

소중한 것들은
언제나 늦게 찾아온다
정욕 가득한 날의
간절한 욕망들은
이루어지지 않았다

구회 말 투아웃
모든 것이 끝난 듯한
파장의 끝 어디선가
소망하는 것들이
간당거리며 찾아온다

소중한 것들은
너무 늦게 찾아온다
안식의 밤이 찾아들듯
소중한 것들은
별들을 거느리고
막차를 타고 온다

(소중한 것들에 대하여)

잠시 멈춤

장수는 나라를
보호해야 할 자다

장수는 국가를 보좌하는 자다. 보좌가 극진하면 나라는 강하게 되고 보좌하는데 소홀함이 있으면 나라는 반드시 약하게 된다. 그런 까닭에 군대가 임금으로 인해 곤란을 겪게 되는 일이 세 가지가 있으니 군으로 하여금 가능하지도 않는데 출진을 명하거나 군대가 후퇴할 수 없는 것을 모르고 후퇴를 명하는 것이다. 이것이 군대를 속박하는 것이 된다. 삼군의 일을 모르고 삼군의 행정에 동참을 하면 군사들을 미혹하는 것이다. 삼군이 이미 미혹되고 또 의심하게 되면 제후들이 들고 일어나게 되어 혼란으로 인해 승리를 빼앗기게 된다.

夫將者國之輔也 輔周則國必强 輔隙則國必弱 故軍之所以患於君者三 不知軍之不可以進 而謂之進 不知軍之不可以退 而謂之退 是謂縻軍 不知三軍之事 而同三軍之政者 則軍士惑矣 不知三軍之權 而同三軍之任 則軍士疑矣 三軍旣惑且疑 則諸候之難至矣 是謂亂軍引勝

예로부터 삼군의 행정을 모르는 임금이 군대의 행정을 지휘하여 적을 이롭게 하고 아군을 패하게 하는 일이 많았는데 이를 중어지환中御之患이라고 하였다. 중어지환은 고대 전쟁에서 임금이 직접 전쟁을 기획하고 전장에 참여하는데서 생기게 되었다. 하지만 이는 전장의 변화에 대응한 시의 적절한 용병을 방해하는 것이다. 이로 인한 폐단이 많아지자 점차 춘추시대 말기부터 임금의 전투에 직접 참전하는 것이 줄어들게 되었고, 잘못된 임금의 명령에는 따르지 않아도 되는 전례들이 생겨나게 되었다.

이때부터 임금의 막중한 소임은 인재를 알아보고 적재적소에 배치하는 일이었고 전장에서 전투에 관한 사항은 장수에게 전권을 위임하는 것이었다. 사리판단이 명확할 뿐만 아니라, 임금 자신의 잘못된 판단에 대해서는 직언을 하여 옳은 방향으로 인도하고 결국 나라와 국민의 안전을 지키는 그런 장수를 가려 뽑아 쓰는 일이 더 중시된 것이다. 11편 구변 편에서도 임금의 명령이라도 듣지 않을 수 있다 君命有所不受라는 구절이 나온다.

좋은 장수를 가려 뽑아 쓸 줄 아는 것은 훌륭한 임금만이 가능한 것이다. 좋은 장수를 곁에 두어서 존경받고 훌륭한 임금이 되는 것이 아니라, 임금이 총명해야만 훌륭한 장수를 등용하여 부릴 수 있다.

조선시대 정유재란 당시 일본의 장수 소서행장이 보낸 첩자 '요시라'는 경상 우병사 김응서에게 1597년 1월 13일 조선을 재침략해 들어온다는 거짓 정보를 흘렸다. 이 내용은 권율을 거쳐 곧 선조임금에게 보고가 된다. 선조는 이순신으로 하여금 부산포로 가서 왜군의 재침을 막으라는 명령을 내린다. 하지만 이순신은 왜군에 대한 정탐을 통해 일본군이 이미 하루 전 날에 국내에 들어와 있다는 것을 알고 있었다. 이순신은 거짓 정보에 속고 있는 선조의 명령에 따를 수가 없었다.

선조의 말대로 수군을 이끌고 한산도에서 부산으로 간다고 생각해 보자. 격군을 동원하여 가조도, 장문포, 안골포, 가덕도를 지나, 부산포로 가는 동안에 각 포구에 들러 물자의 보급을 받을 수가 없었다. 각 섬에는 이미 왜군이 들어와 있기 때문이었다. 뿐만 아니라 도중에 병사들이 많이 지쳐 있을 것이므로 항해하는 과정에서 중간에 매복한 왜군의 공격을 받을 수도 있었다. 이런 사정을 훤하게 들여다보고 있는 이순신으로서는 아무리 선조 임금의 명이라도 하더라도 따를 수 없었을 것이다. 이뿐만 아니라 이순신은 전쟁에 나갈 때는 천기와 지기 모든 전투 상황의 변수들을 고려하여 승산이 있을 경우에만 출전을 하는 노련함을 보였다.

개인의 삶도 일상을 통해 나타나는 삶의 역사이다. 나의 과거는 어떠했으므로 나의 미래는 어떠해야 한다는 식의 반성과 결단이 필요하다. 그리고 역사를 배우고 역사 속의 교훈을 기억할 필요가 있다. 우리의 삶은 똑같이 반복되지는 않지만 비슷하게 반복되는 일정한 운율을 가지고 있다.

그리고 또 한 가지 우리가 기억할 일은 사람은 사람을 무서워하지 말아야 한다는 점이다. 부자건 가난뱅이건, 병사건 임금이건 다 같은 사람이라고 여기고 사람이 나에게 해를 준다고 해 보아야 얼마나 줄 수 있을 것인가 하는 담대한 배포를 가져야 한다. 상대가 나보다 높다고 하여 무조건 비굴해질 것이 아니라 언행심사의 판단기준을 사람에 두지 말아야 하는 것이다.

그럼 무슨 기준에다 두고 행할 것인가? 그것은 자명하다. 사랑, 정의, 진리, 평등과 같은 추상명사를 내 삶에서 구체적인 지표로 활용하는 것이다. 예를 든다면 내가 하는 행동이 정의로운가? 이것이 진리에 합당한가? 이렇게 한다면 상대를 평등하게 대하는 것인가? 그의 청을 들어주는 것이 세상에 희망을 주는 일인가? 세상을 살리는 일인가? 하는 것들을 반문하면서 언행심사를 하게 된다면 흔들리지 않게 된다.

상대를 알아야
이길 수 있다

승리를 아는 5가지가 있다. 함께 싸울 수 있음과 함께 싸울 수 없음을 알면 승리한다. 많고 적음의 싸움법을 아는 자는 이기며 임금과 백성이 한 마음이 되면 이긴다. 만반의 준비를 하고 적의 허술함을 기다리면 이긴다. 장수가 능하고 임금이 간섭하지 않으면 이긴다. 이 5가지가 승리를 얻는 방법이다. 그래서 상대를 알고 나를 알면 백번을 싸워도 위태롭지 않다. 상대를 알지 못하고 나를 알면 일승일패라. 상대를 알지 못하고 나도 알지 못하면 싸울 때 마다 패한다.

故知勝有五 知可以戰 與不可以與戰者勝 識衆寡之用者勝 上下同欲者勝 以虞待不虞者勝 將能而君不御者勝 此五者知勝之道也 故曰 知彼知己者 百戰不殆 不知彼而知己 一勝一負 不知彼不知己 每戰必殆

상대와 싸워 이기는 법은 5가지로 명백하다. 이 다섯 가지에 따르면 이기고 따르지 않으면 지게 된다. 사람들은 흔히 싸우는 데는 운이 많이 작용을 한다고 입을 모은다. 하지만 좋고 나쁜 운은 존재하지 않는다. 돌아가는 전세를 잘 읽고 거기에 맞게 적응해서 나가면 운이 좋아 승리하는 것이고, 적응하지 못하면 운이 안 좋아 실패하는 것이다.

먼저 전장에서는 대세와 전력을 대비해서 싸워야 하는지의 여부를 잘 판단해야 한다. 다음으로 많고 적음의 싸움법을 아는 것이 이기는 자가 된다고 했는데 이는 힘의 집중과 분산을 적절히 운용하는 것을 말한다. 그 다음으로 임금과 백성, 장수와 병졸 등 상하 일치가 되어야 승리한다. 이 세 가지는 아군의 형편을 말하는 것으로 지기知己에 해당한다. 또한 만반의 태세로 기다리다가 적이 허술해지기를 기다려야 하는데 이것은 지피지기知彼知己에 모두 해당되는 내용이다. 임금이 장수를 신뢰하여 간섭하지 않고 전장에 나가서는 장수의 판단에 따라 생사여탈권을 주는 전폭적인 지지가 승리로 이끌게 되는데 이것 역시 지기知己에 해당하는 것으로 볼 수 있다.

손자는 전쟁에 임하기 전에 완벽한 준비를 중시하므로 적정의 상황을 파악한 후 만반의 준비를 하고 상대의 허점을 기다려야 한다. 끝으로 임금이 장수를 신뢰하여 전권을 위임하여야 하며, 전쟁에서 지휘권이 일원화 되지 않고 분산될 경우 혼란을 초래하고 그 나라는 결국 망하게 된다.

무엇보다 중요한 것은 적을 알아야 한다는 것이다. 적을 알아야 적을 이길 수 있음은 상식이다. 상식을 상식대로 받아들일 줄 아는 것은 축복이다. 내가 상대하고자 하는 것, 내가 진출하고자 하는 곳을 아는 것이 중요하다.

언젠가 기업을 잘 운영하던 친구가 갑자기 정치를 한다고 하더니만 자신의 뜻대로 정치계로 진출한 일이 있었다. 하지만 그 친구는 얼마 가지 못하고 정치적인 보복으로 그 자리에서 내려와야 했다. 올라 갈 때와는 달리 끌려 내려올 때에는 평생 동안 키워 온 기업은 망하고 말았으며 거기에다가 중병까지 얻게 되어 고생하는 것을 보았다.

정치와 경제는 달랐다. 그 친구가 경제의 생리는 잘 알았지만 정치에 대해서는 잘 알지 못했다. 정치는 비정한 것이며 변칙과 권모술수가 기본적인 병법인 곳이었다. 그런데 그는 경영할 때 이룬 성과에 자신감에 취해 그 방식 그대로 밀고 나가다가 그만 굴러 떨어진 것이다. 정치의 속성을 너무 가볍게 본 것이 아닌가 하는 안타까움을 감출 수가 없었다. 상대를 제대로 알아야 한다. 그리고 잘 모를 때는 과소평가하거나 업신여겨서는 안 된다. 그러다가는 도리어 사로잡히게 된다.

그 자리에서 내려왔다는 소식을 들었다
이제 내려온 자의 서글픔을 알게 되리라
어디에서 상한 마음을 추스르느냐
금정산 등 굽은 소나무 곁에서냐
서해 바다에라도 나가 자책을 하느냐
힘없는 자가 뜻을 펴는 것은 어렵다
잡아도 잡은 것이 아니며
끝나도 끝난 것이 아닌 것을
봉하에서 몸을 던진 광해를 보지 못했느냐
밤새워 난중일기를 읽는다
산하가 밟혀도 다툼은 그칠 줄 모르고
세월 흘러도 사는 모습은 다를 게 없다
그 길을 가지 않는 것이 처신 이었다
정치는 경제와는 너무나도 달라서
아무나 뒷심 없이는 할 수 없는 것
술수와 음모가 병법인 무서운 곳임을
강한 너가 꺾인 것을 보고 알았다
어디를 떠돌던 몸만은 보전 하여라
(너 어디에 있느냐)

제 4 장

군형편
軍形篇

—

이길 수 있게 준비하고
기다릴 줄 알아야 한다

유형적인 병력의 편성과 배치를 설명하는 편이다. 뒤에 나오는 세勢와 긴밀한 관련이 있다. 즉 형形은 세勢가 갖추어져 있을 때 승리할 수 있으므로 상호 보완적인 관계라고 할 수 있다.

모든 싸움은 자신을 돌아보아 단점을 과감히 베어내고
상대를 만만하게 보지 말고 면밀히 정탐하여
상대의 허점을 노리는 데 있다.
이를 위해 무엇보다 남을 나보다 낮게 여기는 겸허함이 첫째다.
이순신은 왜 나가는 싸움마다 승리했을까.
그는 상대인 왜적을 쉽게 여기지 않았기 때문이다.

만반의 준비를 한 연후에
기다리라

옛날에 전쟁에 능한 자는 적이 이길 수 없도록 한 후에 이길 수 있는 만반의 태세를 갖추고 적을 기다렸다. 적이 이기지 못하도록 하는 것은 나에게 달려있고, 내가 이길 수 있는 조건은 적에게 있다. 따라서 전쟁을 잘 하는 자는 이길 수 없는 것을 이기게 만들고 적이 이길 수 있는 것을 이기지 못하도록 만드는 것이다. 따라서 승리를 알 수는 있으나 승리할 수는 없다고 하는 것이다.

孫子曰 昔之善戰者 先爲不可勝 以待敵之可勝 不可勝在己 可勝在敵 故善戰者 能爲不可勝 不能使敵必可勝 故曰 勝可知 而不可爲

전쟁에 능한 장수는 만반의 준비를 한 다음에 상대의 허점을 기다리다가 치는 것이다. 적이 나를 이기지 못하는 것은 내가 처신하기에 달려 있고 내가 적을 이길 수 있는 것인가 하는 것은 상대하기에 달려 있다. 결국 만사가 다 그런 것이지만 사람이 하는 일이란 사람하기에 달려 있다는 것이고 특히 전쟁의 수행은 나도 중요하지만 결과적으로 상대가 어떤 대비와 준비를 하고 있느냐에 따라 전황은 달라진다. 자신감도 중요하지만 상대가 있는 전쟁에서 전쟁의 승리를 장담할 수는 없는 일이다.

모든 싸움은 자신을 돌아보아 단점을 과감히 베어내고 상대를 만만

하게 보지 말고 면밀히 정탐하여 상대의 허점을 노리는데 있다. 이를 위해 무엇보다 남을 나보다 낮게 여기는 겸허함이 첫째다. 이순신은 왜 나가는 싸움마다 승리했을까. 그는 상대인 왜적을 쉽게 여기지 않았기 때문이다. 그리고 내 허물은 크게 보고 반성하여 자꾸 고치고 대비하니 커질 수가 있었다. 이순신이 원균의 칠전량 전투에서 패하고 남은 배 13척으로 명량에서 왜군에게 승리한 후에 다 깨어져 버린 전선을 이끌고 정박할 곳을 물색하다가 고하도로 피신해 들어가게 된다. 그는 여기에서 다 쓰러진 조선수군을 재건한다.

당시 이순신은 고하도가 일본 수군의 서해 진공을 견제하고, 영산강 입구 바닷목을 지켜 일본군의 호남지역 침공을 막을 수 있으며, 겨울철의 북서 계절풍을 가로막아 전선을 만들고 선박을 정박시키기에 알맞은 지형이라고 판단했다. 당시로서는 전후 휴식과 조선수군의 재건을 위한 방어기지로써는 뒤에 나오는 구지九地에 해당한다고 본 것이다. 이순신은 이곳에서 수군을 재건한 뒤에 이웃 고금도로 수군사령부를 옮겨 활동할 시에는 전선 85척에 수군 17,000명, 군량미 월 7,000석 확보하는가 하면, 총통 등 각종 무기를 제작할 정도로 강성해 져서 노량해전에서 승리할 수 있었다. 한마디로 고하도는 쓰러진 조선수군을 일으켜 세운 곳이다.

고하도를 걸을 시점에서 나는 개인적으로 많이 힘들었다. 이순신 역시 그 당시 왜적과 장렬히 맞서 싸우다가 죽을 사지를 찾고 있었다. 쓰러져 가는 내 삶을 일으켜 세울 장소를 찾고 있었는데 그곳이 다름 아닌 이순신의 고하도였다. 그 옛날 조선수군을 재건하기 위해 이순신이

고심하며 걸었던 칼바위에서 용머리까지의 길을 걸으면서 내 자신의 운명과 과감히 결전할 것을 맹세하였고, 그해 겨울의 고하도 행은 내 자신의 삶을 다시 일으켜 세워 준 계기가 되었다.

그 이후 자신의 삶으로부터 도망치지 않기로 결심하였고, 과감히 삶에 맞서 싸우다 전사할 각오를 하였다. 그 섬을 걸으며 깊은 나의 허물을 보았으며 또 세상의 깊음과 무서움을 깨달았다.

깊은 곳이다
이루 다 말할 수 없이
깊은 곳이다

기쁜 일 보다는
노여움과
외로움과
서글픔이 더 많은 곳이다

그래서,
그래서 우리는
서로가 불쌍한 곳이다

세우고
허물어도
태연히 돌아서 앉은
지엄한 곳이다
(세상)

공격과
수비의 차이

이길 수 없는 자는 지키고 이길 수 있는 자는 공격을 한다. 수비를 하는 것은 부족해서 그런 것이며, 공격하는 것은 여유가 있어 그런 것이다. 수비에 능한 자는 땅의 가장 깊은 곳에 숨어들고 공격을 잘하는 자는 구천의 위에서 내려다보는 것 같이 움직인다. 그래서 능히 자신을 지키고 온전한 승리를 쟁취한다.

不可勝者 守也 可勝者 攻也 守則不足 攻則有餘 善守者 藏於九地之下 善攻者 動於九天之上 故能自保而全勝也

강자가 공격을 하고, 약한 자가 수비를 하는 것은 당연한 이치다. 약자가 겁도 없이 강자에게 싸움을 걸다가 한 방에 나가떨어지게 된다. 그래서 싸움이 되지 않는다.

강자는 하늘에서 땅을 굽어 내려다보며 면밀하게 정탐하다가 자신이 원할 때면 언제나 공격하여 상대를 제압한다. 반면에 약자는 살아남기 위해 강한 것의 눈치를 보면서 부단한 노력을 해야만 한다. 약자는 숨어야 하는데 땅 아래 아주 깊숙한 구지九地에 들어가 모양도 냄새도 알수 없도록 은신해야 한다.

그뿐만이 아니다. 약한 것은 그 속에 들어앉아 있어도 부단히 강자가 되기 위한 몸부림을 쳐야 한다. 그것이 약자의 서글픔이다. 강한 것 역시 강한 것 나름대로의 슬픔이야 있겠지만 약자는 더 많은 눈물과 몸부림이 있어야 한다. 그러면서 언젠가 자신도 강자가 될 수 있다는 주문을 끊임없이 외워야만 하는 것이다.

약한 것들은 늘 일방적 이었다
전화보다는 문자를 보내는 것을 좋아하고
만나 서로 이야기를 주고받기 보다는
혼자 긴 편지를 쓰는 것을 좋아했다
약한 것들은 절차를 무시했다
느긋하게 기다릴 여유가 없기 때문이다
약한 것은 목이 말랐고 어디론가 가기 위해
끝없이 스텝을 밟아 대는 것들이다
약한 것은 길 위를 걸으면서도 늘 서성거렸고
늦은 시각까지 쉽게 잠들지 못한 채
하루에도 몇 번 씩 성을 쌓고 무너뜨렸다
약한 것들은 수없이 날리는 쨉 중의 하나에
기적이 일어나기를 꿈꾸는 정신병자다
약한 것들에 요구되어지는 미덕이 있다면
지치지 않고 달려야 하는 일관성일 것이다
약한 것들이 모르는 것도 참 많았다
강한 것들도 서러움이 많다는 것을 몰랐다
강하면 세상이 다 뜻대로 되는 줄 믿었고
그래서 이루고도 다시 무너져 내렸다

(세상의 약한 것들을 위하여)

이길 수 있는 싸움은
반드시 이겨라

누가 보아도 알 수 있는 승리는 진정한 승리가 아니다. 천하가 다 승리를 인정하는 것은 진정한 승리가 아니다. 그런 까닭에 가벼운 털을 들었다고 하여 힘이 세다고는 하지 않으며 해와 달을 보았다고 하여 눈이 밝다고는 하지 않으며 천둥소리를 들었다고 하여 귀가 밝다고는 하지 않는다. 예로부터 소위 잘 싸우는 자는 이길 수 있는 싸움을 이기는 자이다. 그래서 잘 싸우는 자의 승리는 늘 지략과 이름이 없고, 용맹과 공과를 들먹일 것도 없는 것이다.

見勝不過衆人之所知 非善之善者也 戰勝而天下曰善 非善之善者也 故擧秋毫不爲多力 見日月不爲明目 聞雷霆不爲聰耳 古之所謂善戰者 勝於易勝者也 故善戰者之勝也 無智名 無勇功

정말 잘 싸우는 장수는 이길 수 없는 싸움을 지략으로 이기게 만들어 놓고 쉽게 승리하는 것이다. 그래서 사람들은 당연히 승리할 싸움에서 승리한 것처럼 여긴다. 사실 거기에는 적에게 책잡힐 일이 없었던 것이다. 그것은 이길 수밖에 없도록 만든 싸움에 당연히 이기는 것이므로 질 수 밖에 없는 자에게 이기는 것과 같은 것이다. 사람들은 이런 사정을 잘 알지 못하고 당연히 이길 수밖에 없는 쉬운 싸움에 이긴 것으로 여겨 이긴 자의 용맹과 공과나 지략을 당연시한다.

여기서 한 가지 경계해야 할 일이 있다. 잘 싸우는 장수도 가끔씩 져서는 안 되는 싸움에서 어이없이 패배하는 경우가 있다. 이런 어처구니없는 실패를 경험하지 않기 위해서는 늘 자신을 돌아보는 성찰이 필요하다. 정약용의 유배지인 전남 강진에는 유배시절 그가 머물 던 다산초당 뒷마당에서 정약용 자신이 바위에 직접 새겨 넣었다는 정석丁石이라는 글귀를 볼 수 있었다. 다산은 시간이 날 때 마다 그 바위 앞에 서서 바위의 단단함과 일관성을 배우려 무던히 애를 썼다.

잠시 멈춤

눈보라 날리듯
산야에 벚꽃이 진다
유배지 같은
서울의 봄
사람이
쓰러지는 방법도
여러 가지가 있더라

(낙화)

이기게 만들어 놓고
싸워라

때문에 그 전쟁에서 승리하는 것은 어긋남이 없다. 틀림이 없는 것은 승리하도록 조치를 해 놓은 것이어서 이미 진 자에게 이기는 것이다. 그래서 잘 싸우는 자는 승리하는 자리에 서서 적의 패배를 놓치지 않는다. 이런 연유로 전쟁에서 이기는 군대는 먼저 이기는 조치를 해 놓은 다음에 싸움을 벌이며 패하는 군대는 먼저 싸움을 벌인 다음 승리를 구한다.

故其戰勝不忒 不忒者 其所措必勝 勝已敗者也 故善戰者 立於不敗之地 而不失敵之敗也 是故勝兵先勝而後求戰 敗兵先戰而後求勝

승리할 수 있는 싸움의 구조를 만들어야 한다. 먼저 싸움을 하기 전에 이기도록 조치를 해놓고 싸움을 벌이게 되므로 이미 패자와 싸우는 형국이어서 매번 승리할 수밖에 없다.

세상의 승리는 아무런 역학적인 계산 없이 이루어지는 것으로 알고 살아왔다가 세상의 승리들이 장외에서 거의 다 만들어진다는 사실을 깨닫기 까지는 그렇게 많은 시간이 걸리지 않았다. 그리고 그런 사실을 알고는 적지 않게 실망과 당황을 했었다. 아직 자신이 젊고 실력이 있는 것으로 여기며 살아갈 때에는 승리의 구조를 면밀히 들여다 볼 여유가 없었다.

눈썰미가 있는 사람들은 이런 사실을 이미 다 알고 대비하면서 살아간다. 하지만 요령부득이고 단순하게 살아가는 사람들은 아마 여기까지는 생각이 미치지 못할 것이다. 그래서 어떤 일을 벌이기 전에 지략과 모략이 필요한 것이고 사전결단이라는 것이 필요하다. 나는 나이 오십을 지나 막장을 경험하고 난 이후부터 이런 사실을 깨달았다.

선과 악과 풍부와 빈곤, 지혜와 우둔이 한데 얽혀 직조된 이 세상은 촘촘하기가 이를 데 없어 문 앞에서 조차 입장을 거부당하기가 십상이었다. 그곳이 막장임을 경험하고 나서야 세상을 보는 눈을 얻은 것이다.

막장을 이해하는 것은 쉬운 일이 아니다

막장인생, 막장사랑, 막장드라마

말로만 막장을 수없이 되 뇌이면서도 몰랐다

막장의 길을 가보지 않았기 때문이다

눈에 보이는 껍데기만을 어루만지며 살았고

세상의 뜨거운 맛에 울어 보지 못해 그랬다

막장을 이해하는데 오십년의 세월이 걸렸다

막장이 되지 않고서는 막장을 이해할 수 없고

비워 깨끗해지지 않고는 막장을 볼 수 없다

막장은 서러운 것이다

막장은 정말 서럽고 더러운 것이다

막장은 빠져 나올 수 없는 절망이다

막장을 살면 저절로 막장이 보인다

나는 이미 막장에 들어섰다

막장을 깨달은 순간 나는 희망을 보았고

막장에 들어서면서 나는 다시 세상을 얻었다

(막장을 위하여)

전쟁의 형세를
교묘히 이용하라

전쟁을 잘 수행하는 자는 전쟁의 도와 법을 닦고 잘 보전하는 자여서 이기고 지는 정사를 능히 운용할 수 있다. 병법에 첫째는 도度 : 나라의 면적, 둘째는 양量 : 생산되는 양식, 세째는 수數 : 인구, 네째는 칭稱 : 군의 전력비교, 다섯째는 승리勝 : 승리라. 토지에 따라 도가 생기고, 도에 따라 양이, 양에 따라 수가, 수에 따라 칭이, 칭에 따라 승리가 생긴다. 그러므로 승리하는 군대는 일鎰 : 무게의 단위로써 수銖 : 일의 약 500분의 1의 무게를 저울질 하는 것과 같고 패배하는 군대는 수로써 일을 저울질 하는 것과 같다. 이기는 군대가 병사들을 싸우게 하는 것은 마치 천 길 낭떠러지에 막아 놓은 물줄기를 아래로 열어 놓는 형세다.

善用兵者 修道而保法 故能爲勝敗之政 兵法 一曰度 二曰量 三曰數 四曰稱 五曰勝 地生度 度生量 量生數 數生稱 稱生勝. 故勝兵若以鎰稱銖 敗兵若以銖稱鎰 勝者之戰民也 若決積水於千仞之谿者 形也

승리의 관건이 되는 전력은 어디에서 생기는가. 그것은 먼저 전쟁 수행에 필요한 물자와 병력의 양이 관건이다. 국토가 넓어야 생산되는 물자가 많을 것이고 출산과 부양이 가능해 병력을 많이 확보할 수 있다. 물자와 병력의 크기는 객관적인 전력의 우위를 결정하는 요소중의 하나다.

하지만 전력이 크다고 하여 무조건 다 전쟁에서 승리하는 것은 아니다. 이런 전력을 바탕으로 전쟁에서 이길 수 있도록 환경을 조성하는 것이 중요하다. 예로부터 싸움을 잘 하는 장수들은 인간의 심리를 이용할 줄 알았다. 인간은 필요에 의해 쫓기지 않으면 움직이지 않는다는 본성을 안 것이다. 그래서 전쟁에서 병사들을 싸울 수밖에 없는 궁지에 몰아넣어 거기에서 역동적으로 분출되는 에너지를 이용해서 전세를 유리하게 만들어 나갔다.

천 길 절벽에 막아 놓은 물이 터지게 되면 어떻게 되겠는가. 파죽지세로 쏟아져 강한 상대라도 능히 격파하지 않겠는가. 싸움이 붙으면 나 자신을 이길 수밖에 없는 상태로 만드는 방안을 강구해야 한다. 자신에게 있어서 그것은 현상을 타개해야 한다는 긴박한 필요 내지는 결핍과 그것을 헤쳐나간 역사가 주는 교훈이었다.

외환위기 때 잘나가던 사업을 접고 낮에는 퀵 배달을 하고 밤이면 대리운전을 하며 바닥을 기어 나오려 몸부림을 치는 한 친구가 있다. 그 친구는 현재 자신을 스스로 궁지에 몰아넣을 수밖에 없었다. 이제는 더 이상 떨어질 곳도 없는 밑바닥 사지에 자신을 밀어 넣고 살기 위해 몸부림을 친다. 살다보면 그런 환경을 인위적으로 만들기도 하고, 어쩔 수 없이 스스로나 타인에 의해 그런 환경에 처해지기도 한다. 사지에서 전력투구를 하면 언젠가 그곳을 벗어나게 될 것이다.

돈 만원 벌자고 똥콜[1]을 마다않고

새벽녘 장릉長陵[2]까지 들어갔다가

겨울 칼바람을 맞으며 울며 나온 친구야

남한산성 사지로 숨어들 수밖에 없었던

서럽던 인조의 환영이라도 보았느냐

밤 열두시 부대찌개 집 마루에 걸터앉아

서울로 나가는 삼만원짜리 콜만 뜨면

무조건 찍고 뜰 것이라며 칼날을 세운다

그래도 뒷좌석에 술 취해 쓰러진 화상들은

자기 보다는 죄다 실력이 나은 놈들이라며

입가에 씁쓸한 미소를 지어 보였다

이젠 더 이상 떨어질 곳도 없기에

앞만 보고 달려 갈 수밖에 없겠구나

1 똥콜 : 가격이 형편없거나 늦은 밤 돌아 나올 차가 없는 시간이나 장소 등 대리 운전기사들
  이 싫어하는 콜
2 장릉(長陵) : 파주시 탄현면 갈현리에 있는 조선 제16대 임금인 인조와 인조의 비인 인열왕
  후의 합장릉

무슨 죄를 그리도 많이 지었길래
매일 밤 쓰러진 술통들을 실어 나르며
삼능 오골[3]을 찾아 헤매야만 하는 것이냐
대책 없는 너의 긴긴 겨울 밤길과
좌충우돌하는 네 삶의 난감함을 위해
내 여기 목도리를 하나 사서 보낸다
목이라도 데우고 네 삶을 보전 하거라
대명천지에 너를 다시 세울 자는
너 자신 밖에 없음을 명심해다오, 친구야

(친구)

3 삼능오골(三陵五葛) : 3개의 능과 5개의 골짜기가 있는 시골의 오지 마을

제 5 장

병세편
兵勢篇

만반의 준비로
상대의 허를 찔러라

군대의 편성, 지휘, 기정과 허실을 다루는 편이다. 효율적인 지휘를 위해
서는 많은 병력을 적은 병력처럼 나누어 편성하고 깃발과 북등의 상징으
로 마치 한 사람을 부리듯이 해야 한다. 정공법과 기공법을 적절히 활용
하며 만반의 준비로 상대의 허를 찌르는 실속 있는 공격이 승패를 결정짓
는다. 군형이 군대의 조직과 편성처럼 유형적인 것이라면 병세는 전시 상
황에 따라 병력을 용병하는 무형적인 것이다. 이러한 유무형의 형形과 세
勢의 결합이 승패를 결정짓는다.

변화를 두려워한다면 승리를 보장할 수 없다.
그래서 장수는 유연해야 한다. 죽은 것은 변화에 대응할 수 없다.
말할 것도 없이 산 것에 대한 죽은 것의 특징이 경직성이다.
산 것은 유연하다.
그래서 전쟁은 유연하게 상황에 맞게 수행하되 허점이 보일 때
상대를 쳐야 하는 것이다.

군의 편성과 지휘, 기정奇正과 허실虛實

대저 많은 군사를 적은 군사 다스리듯 하는 것은 수를 나누는 분수分數라는 것이고, 많은 군사를 적은 군사를 움직이듯 하는 것은 형명形名을 쓰기 때문이다. 삼군의 병사가 적을 만나 패함이 없는 것은 기정奇正을 사용할 수 있기 때문이다. 병력을 가할 때 숫돌로 알을 던져 깨는 것과 같이 하는 것은 허실虛實 때문이다.

孫子曰 凡治衆如治寡 分數是也 鬪衆如鬪寡 形名是也 三軍之衆 可使必受敵而無敗者 奇正是也 兵之所加 如以碬投卵者 虛實是也

앞서 제3편 모공에서 살펴 본 바와 같이 승리를 알 수 있는 다섯 가지 중에 많고 적은 병사를 운용하는 방법을 아는 자는 승리한다識衆寡之用者勝는 대목이 나오는데 바로 이 내용이 세勢와 관련이 있다. 세는 분수分數와 형명形名 그리고 기정奇正과 허실虛實로 설명될 수 있다.

여기서 분수分數라고 하는 것은 다수의 군사를 적은 수의 군사들처럼 효율적으로 통솔하기 위해 병력을 나누어 편성한 후 지휘하는 것을 말한다. 형명形名은 깃발, 연기, 소리 나는 북과 징 같은 상징을 이용하여 많은 병사들을 마치 하나처럼 움직이는 것이다. 이 분수와 형명은 아군의 지휘와 관련한 것이다. 그리고 기정奇正이라함은 무장된 아군이 정면으로 맞서서 싸우기도 하지만 때로는 적의 허점을 알아내어 기습공격을 감행하는 것을 말한다.

허실虛實은 숙련되고 준비된 아군의 병사들이 적의 약한 부분을 벽돌로 계란을 치듯 실속 있는 공격을 하는 것을 말한다. 기정과 허실은 상대편의 병력에 대응한 아군의 공격방법이다. 분수와 형명 기정과 허실은 모두 세勢에 관한 부분이다.

훌륭한 장수는 많은 병사를 나누어 편성하고 상징을 이용하여 마치 한 사람 다루듯 하며 적이 도무지 생각하지도 못할 작전을 감행하고 적의 의도를 간파해서 그 의도를 무위로 끝나게 만든다. 매사를 서두르지 않으며 상대의 허점을 찾기에 골몰한다. 그리고 결코 결정적인 호기를 잡으면 몰아치는 세를 구사하여 승리를 쟁취한다.

세상을 살아가기 위해서는 실속 있게 처신하여야 한다. 무슨 일을 하더라도 유익을 따져 냉정하게 계산하여 결단한다. 그러자면 세상 사람들로부터 인색하다는 욕을 들어 먹는 것도 감수해야 한다. 하지만 그런 평가에 흔들려서는 안 된다.

되돌아보면 세상은 육중한 바위였고 자신은 늘 연약한 계란이었다. 부딪혀 깨어지고 방황하면서 변방을 맴돌았다. 잔고는 늘 마이너스였고 가끔 한 때 실속을 차리다가도 다시 무너져 내렸다. 이제부터라도 계란이 아닌 벽돌처럼 단단해 지고 싶다. 다산이 그래서 바위에 자신의 성을 새겨두고 자신의 약함을 성찰하였을 것이며, 시인 청마가 바위라는 시를 써서 자신의 나약함을 채찍질 하였을 것이다.

한 번도 넉넉해 본 적 없다

일을 이루고 난 후에는

또 다른 일로 무너졌다

내일은 다를 것이라고

속으며 살아온 날들

한 번도 차거나 넉넉하지 못했고

늘 정량 미달 이었다

채우고 돌아서면

또 다른 파도가 나를 삼켰다

누르고 흔들어 넘치는

그런 날이 있을까

바위 앞의 계란이었고

늘 구차한 변명이 많았다

지금까지 걸어 온 길

늘 마이너스가 따라 붙던 길

(나의 길)

변화 있는 기습공격을
감행하라

무릇 전쟁에는 정공법으로 마주 대하고 기정법으로 승리를 취하는 것이다. 때문에 기정법을 잘 사용하는 장수는 천지처럼 조화가 무궁하고 큰 강물처럼 마르는 법이 없다. 끝나고 다시 시작하는 것이 해와 달이고 죽었다가 다시 살아오는 것이 사계절이다. 소리의 구성은 다섯 가지(궁, 상, 각, 치, 우의 오음계)에 불과하지만 오음의 조화는 다 들을 수 없으며 색은 다섯 가지(청, 황, 적, 백, 흑)에 불과하나 오색의 조화는 다 볼 수가 없으며 맛은 다섯 가지(신맛, 매운맛, 짠맛, 단맛, 쓴맛) 오미의 조화는 이루 다 맛 볼 수가 없다. 전세는 기정에 불과하나 기정의 변화는 무궁무진하다. 기와 정의 상생은 끝없이 순환하는 것이니 능히 다 알 수가 없다.

凡戰者 以正合 以奇勝 故善出奇者 無窮如天地 不竭如江河 終而復始 日月是也 死而復生 四時是也 聲不過五 五聲之變 不可勝聽也 色不過五 五色之變 不可勝觀 也 味不過五 五味之變 不可勝嘗也 戰勢 不過奇正 奇正之變 不可勝窮也 奇正相 生 如循環之無端 孰能窮之

싸움은 정공正攻으로 대치하더라도 승리는 기공奇攻, 즉 기습작전으로 쟁취한다. 여기에서 기공 이라함은 전황에 따른 유연한 대응력을 말한다. 마치 해와 달이 뜨고 지는 것처럼 5성의 조화로 훌륭한 음악이 나오고 기공의 조화는 무궁무진하다. 어떤 정해진 승리의 규칙은 없다. 승패는 전장에서의 상황에 의해 허점이 발견될 때 기습적으로 적을 치면서 이루어진다. 기습작전에는 윤리적으로 옳고 그르고의 판단이 필요 없다.

전쟁의 본질은 무궁한 천기와 지기에 따른 제반 전세의 변화에 있다. 이 변화를 두려워한다면 승리를 보장할 수 없다. 그래서 장수는 유연해야 한다. 죽은 것은 변화에 대응할 수 없다. 말할 것도 없이 산 것에 대한 죽은 것의 특징이 경직성이다. 산 것은 유연하다. 그래서 전쟁은 유연하게 상황에 맞게 수행하되 허점이 보일 때 상대를 쳐야 하는 것이다.

되돌아보면 임기응변에 능하기는 고사하고 지나치게 변화를 두려워했다는 사실을 자책하게 된다. 시대나 정보를 앞서가기는커녕 시대를 뒤따라가기에도 급급했다. 변화를 두려워하고 도전하는 것은 생각지도 못했으니 무슨 발전이 있었겠는가. 더구나 일상에서 만나는 사람들을 유연하게 대하지도 못했다. 사람을 만나더라도 미소 짓고 고개 숙여 인사를 하고 좋아하면 좋아한다고 내 감정을 숨김없이 표현을 했어야 하는 것인데 정작 그렇게 하지 못했음을 부끄러워하게 된다.

오빠야, 이 일을 어쩌면 좋겠느냐고
오빠 생각이 나서 집으로 보내 주려고
아는 사람한테 사과 한 박스를 샀는데
사과가 흠이 나고 상태가 안 좋아
반품을 해야겠다며 걱정이 태산이다

출근길 전화기를 타고 넘어오는 소리에
나는 울컥 목이 메고 가슴이 미어졌다
정미야, 괜찮다 쥬스 해 먹으면 되지
정미야 고맙다, 정미야 사랑한다
나도 모르게 엉겹 결에 튀어나온 말
너를 위해 무엇 하나 해 준 일이 없는데
오빠를 생각하는 너가 있어 고맙구나

이 땅에서 천상의 말을 들은 사람처럼
정미의 말씨는 갑자기 막춤을 추었다
아이다, 오빠야 내가 한 게 뭐 있다고
우리끼리는 그런 말은 하는 게 아니라고
말 한마디로 무너지는 오늘을 떠 바친다
사랑한다, 고맙다는 그 말 한 마디가
너를 살리고 나를 살리는구나, 정미야

(사과 한 박스)

기세와 절도로
맹렬하게 공격하라

세게 흐르는 빠른 물길이 돌을 뜨게 하는 것이 기세고, 독수리가 빠르게 목을 꺾고 날개를 부수는 것이 절도다. 그런고로 전쟁을 잘 하는 자는 기세가 험하고 절도가 짧고 빠르다. 기세는 화살을 당긴 것 같고, 절도는 발사기로 쏘는 것 같다.

激水之疾 至於漂石者 勢也 鷙鳥之疾 至於毀折者 節也 是故善戰者 其勢險 其節短 勢如彍弩 節如發機

모든 일에는 다 제때 해야만 하는 시기가 있다. 그 시기를 지나면 원하더라도 손을 댈 수 가 없다. 그래서 때를 만나면 거침없이 몰아쳐야만 하는 것이다. 기세라는 것은 거센 물결이 돌을 뜨게 하듯 하는 강렬한 공격을 말하고 절도라는 것은 독수리가 날카로운 발톱과 부리로 상대를 낚아채 목을 꺾고 날개를 부수는 절도를 말하는 것이다. 공격은 그렇게 기세와 절도를 가미해야 한다.

김수영의 시 폭포에 보면 떨어지는 폭포의 기세와 바닥을 내리치는 절도의 기개가 떠올려진다. 싸움은 그렇게 해야 한다는 것이다. 마치 폭포처럼 자신도 까맣게 잊고 달려가는 기세와 절도의 일심一心 말이다.

폭포瀑布는 곧은 절벽絶壁을

무서운 기색도 없이 떨어진다.

규정規定할 수 없는 물결이

무엇을 향向하여 떨어진다는 의미意味도 없이

계절季節과 주야晝夜를 가리지 않고

고매高邁한 정신精神처럼 쉴 사이 없이 떨어진다.

(김수영의 시 폭포; 중에서)

이利로 상대를 유인하여 기회를 엿보라

싸움의 형세가 어지러우나 대오를 흩트리지 못하고 혼돈스런 원형의 대오지만 패하지 않는다. 어지러움은 다스림에서 나고, 겁은 용기에서 나며, 약한 것은 강한 것으로 비롯됨이라. 다스림과 혼란스러움은 수數: 군의 조직에 달린 것이다. 용기와 겁은 기세에 달려있고, 강하고 약한 것은 형세에 달려있다. 그래서 적을 잘 다루는 장수는 적이 반드시 따르도록 보여주며 적이 필히 취하도록 준다. 적은 이익을 줌으로써 움직이게 하며 이것으로 병사들을 대기시켜 칠 준비를 하는 것이다.

紛紛紜紜 鬪亂而不可亂也 渾渾沌沌 形圓而不可敗也 亂生於治 怯生於勇 弱生於 强 治亂 數也 勇怯勢也 强弱形也 故善動敵者 形之 敵必從之 予之 敵必取之 以利 動之 以卒待之

장수는 싸움이 어지러우나 대오를 유지하고 대오가 원형으로 변형되어도 패하지 않게 해야 한다. 전쟁에 나가면 잘하던 군사들도 쉽게 혼란스러워지고 용기가 있어도 겁쟁이가 되며 강한군대라도 약해진다. 그래서 장수는 전쟁에 나가 군의 조직을 잘 편성하고 기세를 유지하고 군의 태세를 잘 갖추도록 만전을 기해야 한다. 이런 가운데에서 적이 따를 수밖에 없는 미끼를 던져 유인했다가 치는 것이다.

정작 전쟁에 나가서는 병사들은 평소의 실력을 내지 못해 장수를 안

타깝게 하는 경우가 많다. 아무리 훈련이 잘 되어 있더라도 실전에 가면 갑자기 혼란스러워지고 겁이 나고 강한 것도 약하게 되는 것이다. 장수는 이런 것을 다 감안하여 200% 대비해야 한다. 그리고 상대를 유인하기를 어른이 아이 다루듯 해야 하는 것이다.

뿐만 아니라 먹는 것을 늘 조심하라. 새가 자기를 노리고 있다는 것도 모른 채 먹이 감을 향해 다가서다가 숨어서 기다리고 있던 맹금류에게 목숨을 잃는다. 인류 최초의 타락도 먹지 말라는 선악과를 따 먹어서 비롯된 것이지 않은가. 아무 것이나 먹다가 자신이 스스로 무덤을 판다. 무릇 자신을 잘못된 곳으로 인도하는 모든 것들을 조심해야 한다. 이것은 삼키려고 우는 사자로부터 자신을 지키기 위한 것이다. 그래서 사소한 것 하나에서 부터 조심 해야만 한다.

전쟁의 승패를 사람이 아닌 기세에 맡기라

전쟁을 잘 수행하는 자는 승패를 기세에서 구하고 사람에게 의존하지 않는다. 따라서 인재를 적재적소에 배치한 후 기세에 맡기는 것이다. 기세에 맡긴다는 것은 전쟁을 수행하는 병사에 대해 목석을 굴리는 것과 같이 하는 것이다. 목석의 본성은 편안하면 정하고 위태로우면 동하며 모가 나면 정지하고 둥글면 구른다. 그래서 전쟁을 잘 하는 자의 기세는 천길 이나 되는 산에서 둥근 돌을 굴리는 것과 같은 것이다.

故善戰者 求之於勢 不責於人 故能擇人而任勢 任勢者 其戰人也 如轉木石. 木石之性 安則靜 危則動 方則止 圓則行 故善戰人之勢 如轉圓石於千仞之山者 勢也

전쟁에 능한 장수는 승리를 전세에서 구할지언정 사람의 숫자나 자질 같은 개개인의 능력에서 구하지 않는다. 여기서 세에 맡긴다는 것은 통나무나 둥근 돌을 구르듯 하게 하는 것을 말한다. 나무나 돌은 모가 나거나 안정이 되면 멈추게 된다. 이처럼 모든 군수물자와 병력과 전술을 다 동원하여 잘 굴러 갈 수 있도록 둥글게 만들어 싸워야 한다.

승리를 사람에게 구하지 않고 전세에서 구한다고 한 것은 참으로 지당한 말이다. 살아오면서 우리는 얼마나 많이 사람들에게 속아왔던가를 생각해 보라. 믿을 수밖에 없는 것이 사람이기도 하지만 돌아보면 믿을 수 없는 것이 사람이다. 사람은 유한하므로 결코 온전할 수가 없다. 약한 점과 허점을 늘 지닌 채 살아 갈 수밖에 없는 존재다. 특히 주변에서 전문가라고 하는 사람들을 조심해야 한다. 살아오면서 그 사람들의 말을 듣고 낭패를 당했던 순간이 얼마나 많았던가를 생각해 보면 알 것이다.

천년을 푸르른 나무들처럼
늘 당당할 수야 있나
부서지고 쓰러지고
후회하고 눈물 짓는다
변함없는 사람의 성정
잡으면 휘두르고 싶고
놓치면 다시 잡고 싶어 하는
이 땅에 생명으로 불리는
모든 이름들이 안쓰럽다

홀로된 인생 좌절한 인생들이
지천에서 우우 소리를 낸다
별스런 일도 아니다
쓰러지니까 사람이다

(그래서 사람이다)

제 6 장

허실편
虛實篇

—

선택하고 집중하라

허실 편은 아군의 실함으로 적의 허점을 치라는 것이다. 아군의 실함이란 전쟁의 주도권을 잡고 견고한 수비를 하면서 때를 보아 기습공격을 펼친다. 공격할 때는 상대의 급소와 허점을 치며 적이 나를 치고 싶어도 존재를 들어 내지 않는 무형의 병력배치가 중요하다. 적을 공격할 때는 아군의 병력은 집중하고 상대는 분열시켜야 하며 싸워서 좋을 장소와 때를 알아야 한다. 마치 흐르는 물처럼 전장의 상황변화에 기민하게 대응할 것을 강조하고 있다.

때로는 일상에서 은밀하게 처신하고 상대의 힘을 분산시키며
자신의 힘을 집중해서 공격을 해야 하는 때가 있다.
무슨 일을 반드시 성취해야만 할 때 은밀하게 일을 진행하고
힘을 집중시키면서 상대가 미처 손을 쓰기 전에 성취해야 한다.
그만큼 고도의 심리적인 긴장감과 과감한 추진이 필요하다.
사파리에서 사자가 사슴 무리를 향해 돌진할 때의
모습을 상상하면 좋을 것이다.
필요한 것은 은밀하고도 기민한 행동이다.
이때는 말이 필요 없다.

주도권을 쥐는 여부에 따라
전쟁의 승패가 갈린다

손자가 말했다. 무릇 먼저 전지에 나아가 적을 기다리는 자는 수월하고, 후에 전지에 나아가는 자는 피곤하다. 그래서 전쟁에 능한 자는 적을 불러들이되 적에게로 나아가지 아니한다. 적으로 하여금 자진해서 오게 하는 것은 그것이 이롭기 때문이고, 적이 오지 못하게 하는 것은 해롭기 때문이다. 그런 까닭에 적이 편하면 피곤하게 만들고 적이 배부르면 굶주리게 만들며 적이 편안하면 동요하게 만들어야 한다.

孫子曰 凡先處戰地 而待敵者佚 後處戰地 而趨戰者勞 故善戰者 致人而不致於人 能使敵人自至者 利之也 能使敵人不得至者 害之也 故敵佚能勞之 飽能飢之 安能動之

전쟁에서 중요한 '선'과 '후'에 대한 개념을 언급하고 있다. 여기서 '선'이란 주도권을 먼저 잡는다는 말인데 주도권을 잡게 되면 내 마음에 따라 상대를 조종하여 상대가 나의 뜻에 따라 이리저리 휘둘려서 혼란에 빠지도록 하려는 것이다. 전지에 미리 도착한 후에는 피곤하게 오는 적을 기다렸다가 치며, 적을 유인하자면 미끼를 던지고, 오는 적을 막고자 한다면 불리한 것을 보여주어서 오지 못하게 해야 한다. 적이 편하면 피곤하게 만들고 배부르면 굶주리게 만들고 적이 안정되면 동요하게 만들어 끊임없이 교란시킨다.

전쟁에 앞서 이런 시달림을 경험하게 되면 적은 전의를 상실하고 사기가 떨어지기 마련이어서 아군은 쉽게 전쟁을 치를 수 있게 된다. 그런 까닭에 주도권을 장악하기 위해 고심을 하는 것은 아군이나 적군이나 마찬가지다. 전쟁 경험이 많은 노련한 장수는 사소한 것이라도 놓치지 않고 이용하여 주도권을 잡아 상대를 혼란스럽게 만든다.

지난날 고단한 삶에 기선을 제압당한 날이 많았다. 진취적인 기상이라고는 없었고 일상의 전쟁 앞에서 두려워 떨며 진땀을 흘리며 발버둥을 치던 날의 연속이었다. 기선 제압을 당한 자의 삶은 고단하고 피곤하다. 스스로 되돌아보아도 우울한 나르시스와 같은 자기 연민이 떠오른다. 아직 끝나지 않았다. 얼마간의 남은 삶에서 기선을 한 번 잡아보고 싶다. 아아, 그런 날이 대체 오기나 하는 것일까.

나의 항해는 무섭고도 쉽지 않았다
늘 진땀에 젖어 있었고 힘에 겨웠다
가끔은 새벽 예배당에 쓰러져 있었고
태풍이 오는 바다에서 자책을 하거나
변방의 포구에서 눈물을 닦아야 했다

내 눈물과 갈망들을 그분은 아시리라
매번 하루치의 삶에 감사해야 했으며
일상은 달려드는 해일이었거나
기어서 내가 넘어야 할 준령 이었다

살아서 걸어 다니는 일이
눈물겹게 감사한 날이 많았지만
대체로 나는 박복한 날의 연속 이었다

얼마를 더 외로워해야만 하나
나는 무사히 이생을 건너 갈 수 있을까
진땀에 기도에 오늘도 나는 허둥댄다
(자화상)

견고하게 수비하고
기습적으로 공격하라

적이 달려가지 않는 곳으로 달려가고 적이 뜻하지 않는 곳을 공격하라.
천리를 가나 피로하지 않는 것은 사람이 지키지 않는 곳으로 가기 때문
이요, 공격하여 반드시 얻는 자는 수비하지 않는 그곳을 공격하기 때문
이요, 지켜서 견고한 것은 공격할 수 없도록 그 곳을 지키기 때문이다.
공격을 잘하는 자는 적이 지켜야 할 곳을 알지 못하게 하고, 잘 수비하
는 자는 적이 공격할 곳을 알지 못하게 하는 것이다. 이는 미묘하고 미
묘해서 형체도 알 수 없으며, 신기하고 신기해서 소리도 들리지 않는
다. 그래서 적의 생사를 관장할 수 있게 되는 것이다.

出其所不趨 趨其所不意 行千里而不勞者 行於無人之地也 功而必取者 功其所不
守也 守而必固者 守其所不功也 故善功者 敵不知其所守 善守者 敵不知其所功 微
乎微乎 至於無形 神乎神乎 至於無聲 故能爲敵之司命

공격을 잘하는 자는 수비하는 쪽에서 지키지 않는 곳을 찾아 공격을
한다. 이렇게 할 경우 거의 저항을 받지 않게 되므로 공격하는 쪽이 피
곤하지 않으면서도 좋은 성과를 얻을 수 있다. 견고하게 수비를 잘하는
자는 상대가 어디를 쳐야 할지를 모르게 만든다. 이것이 신묘한 공격과
방어의 기술이다. 이러하니 상대의 생명줄을 쥐는 사명司命이 될 수 있
다. 이기는 자는 예측을 하면서 전쟁에 임하므로 두려움이 있을 수 없
으나 상대는 모르는 것이 많으니 두려움에 움츠려 들게 된다.

상대의 급소와
허점을 친다

나아가도 막지 못하는 것은 그 허점을 치기 때문이요, 물러서도 추격할 수 없음은 너무 빠르기 때문이라. 그래서 아군이 싸우려들면 비록 적군이 성루를 높이고 도랑을 깊이 파더라도 아군과 전쟁을 치루지 않을 수 없는 것은 그들의 급소를 치기 때문이요, 아군이 싸우려하지 않으면 비록 단순히 땅에 선을 긋고 지킬지라도 나와서 부득이 싸울 수 없는 것은 그 뜻하는 바가 어긋나기 때문이다.

進而不可禦者 衝其虛也 退而不可追者 速而不可及也 故我欲戰 敵雖高壘深溝 不得不與我戰者 攻其所必救也 我不欲戰 畵地而守之 敵不得與我戰者 乖其所之也

공격을 해도 막을 수 없음은 허점을 정확하게 치기 때문이다. 적이 추격을 하지 못하는 것은 달아나는 쪽이 신속하기 때문이다. 내가 싸우려 들면 상대의 급소를 쳐서 적이 응할 수밖에 없도록 만들며, 내가 싸우고 싶지 않으면 상대가 바라는 것을 어긋나게 만들어 싸울 수 없게 만들어야 한다. 싸움의 당사자는 어느 쪽이나 숨기고자 하는 약하고 어두운 면을 가지고 있다. 상대가 약해서 숨기고자 하는 은밀한 부분을 찾아 공격을 해야 한다.

혹시 살아오면서 자존심도 다 잃어버리고 자신의 약점을 상대에게

내어 보이며 살다가 급소를 공격당해 전전긍긍하는 날은 없었는가. 자신의 부끄럽고 취약한 부분을 다 드러내 놓고 살다가 상대방에게 자신의 명줄을 내어 주는 그런 안타까운 순간은 없었는가. 값비싼 집을 사느라 저당 잡힌 인생이 되어 평생 은행 이자를 갚느라 그대의 허리가 휘지는 않았는지 한 번 물어보고 싶다.

은행이라는 곳은 어느 때는 하인처럼 굽신거리다가도 고객이 돈 줄이 말랐다는 것을 눈치 채기라도 하는 날이면 귀신처럼 달려들어 급소를 물어뜯는 믿을 수 없는 존재였다.

내 너를 만나서 동행했던
철없던 지난날을 후회한다

내가 힘이 들고 지쳐서
너를 향해 손을 내 밀었을 때
차라리 남보다도 못한
너의 배신에 신음을 짓는다

돌아보면 등줄기 서늘하던
두렵고 무섭던 외줄타기
숨 가쁘게 고개 길을 넘어오며
내 너를 먹여 살리느라
등골마저 다 빼주었구나

너를 믿었던 내가 바보였다
평생 너를 먹여 살리려다가
이젠 제명에도 못 살겠구나

(은행)

은밀하라 집중하라
분열시켜라

그러므로 적이 드러나고 아군이 드러나지 않으면 아군은 집중되고 적은 숫자가 나누어지느니라. 아군이 집중하여 하나고 적이 분열되어 열이 되면 이는 십의 전력으로 하나를 공격하는 것이니 아군은 많고 적은 수가 작아서 아군이 싸우는 것은 쉬워진다. 아군과 더불어 싸우는 곳을 모르게 하라. 모르게 하면 당연히 적은 대비해야 할 곳이 여러 곳이 된다. 대비할 곳이 많으면 나와 더불어 싸워야 할 숫자가 작아지게 된다. 그래서 앞을 수비하면 뒤가 허술하고 뒤를 수비하면 앞이 허술해지며 좌를 수비하면 우가, 우를 수비하면 좌가 허술해져서 모든 곳을 다 수비해야 되니 모든 곳의 수비 병력이 다 작아지게 된다. 작은 병력은 수비하는 자고 많은 병력은 작은 병력으로 하여금 수비하게 하는 만드는 것이다.

故形人而我無形 則我專而敵分 我專爲一 敵分爲十 是以十功其一也 則我衆而敵寡 能以衆擊寡者 則吾之所與戰者約矣 吾所與戰之地不可知 不可知 則敵所備者多 敵所備者多 則吾所與戰者寡矣 故備前則後寡 備後則前寡 備左則右寡 備右則左寡 無所不備 則無所不寡 寡者備人者也 衆者使人備己者也

쉬운 싸움을 하기 위해서는 심리전을 수행해야 한다. 아군은 전력을 노출시키지 않고 은밀하게 모습을 드러내지 않는다. 적은 당연히 우왕좌왕 하면서 10으로 나누어 질 때 아군의 강력하고도 집중된 10의 힘으로 분산된 적의 1을 친다.

아군의 형태가 드러나지 않으므로 적은 도무지 어디를 공략해야 하는지를 모르며 수비를 함에 있어서도 사방팔방 전후좌우 모든 곳을 다 대비해야 하니 전력은 허술해 질 수 밖에 없다.

때로는 일상에서 은밀하게 처신하고 상대의 힘을 분산시키며 자신의 힘을 집중해서 공격을 해야 하는 때가 있다. 무슨 일을 반드시 성취해야만 할 때 은밀하게 일을 진행하고 힘을 집중시키면서 상대가 미처 손을 쓰기 전에 성취해야 한다.

그만큼 고도의 심리적인 긴장감과 과감한 추진이 필요하다. 사파리에서 사자가 사슴 무리를 향해 돌진할 때의 모습을 상상하면 좋을 것이다. 필요한 것은 은밀하고도 기민한 행동이다. 이때는 말이 필요 없다.

삶에 깊이가 닿을수록
말이 필요가 없다, 정말이다
말은 집에 돌아가
잘 있었나, 밥 묵자, 자자하고
이야기 할 때나 필요하다
살면서 세상에서 자주
맨살을 베여 본 사람은 안다
말 한다는 것이
얼마나 무의미하고
구차한 짓인가를
말이 필요가 없다
행동으로 보이면 된다
변명은 더욱 필요가 없다
신실한 당신에게는
경청과 행동만이 필요하다

(말에 관한 성찰)

장소와 시기를 아는 것이
삶의 능력이다

그러므로 싸울 곳을 알고 싸울 날을 알면 천리를 가고도 싸울 수 있다. 싸울 곳을 모르고 싸울 날을 모르면 좌는 우를 구할 수 없고 앞은 뒤를 구할 수 없고 뒤는 앞을 구원할 수 없으니 하물며 멀리 떨어져 있는 것이 십리요, 가깝더라도 수리가 될 것인데 어찌 도울 것인가. 헤아려 보건대 월나라의 병사가 아무리 많다하더라도 어찌 승패에 도움이 될 수 있을까. 승패는 인위적으로 만드는 것이니 적이 비록 많다하더라도 싸우지 못하게 만들 수 있기 때문이다.

故知戰之地 知戰之日 則可千里而會戰 不知戰地 不知戰日 則左不能救右 右不能救左 前不能救後 後不能救前 而況遠者數十里 近者數里乎 以吾度之 越人之兵雖多 亦奚益於勝敗哉. 故曰 勝可爲也 敵雖衆 可使無鬪

아군이 싸워야 할 곳과 싸워서 좋을 시기를 아는 것은 장수의 몫이다. 만일 싸울 장소와 시기를 안다면 천리를 가서도 싸우지 못할 것이 없다. 병력의 많고 적음이 중요한 것이 아니다. 아무리 병력이 많다고 하더라도 나아가 싸울 장소와 시기를 모르면 가까운 곳에 있다하더라도 전후좌우 어디를 지원해야 할 바를 모른다. 하물며 전쟁을 위해 고국을 벗어나 천리 원정길에 나섰을 때에는 말할 필요가 없다.

이처럼 나가야 할 장소와 행동해야 할 시기를 안다는 것은 삶의 중요한 능력이다. 때와 장소를 몰라 낭패를 당하는 경우가 많다.

상대가 알 수 없도록
무궁하게 변화하라

득실을 계산해서 계책을 세워야 한다. 자극을 주어 적의 동정을 알고 적의 형세를 보아 적이 삶의 자리에 있는지 죽음의 자리에 있는지를 알아야 하며 충돌을 일으켜 부족한 곳과 남아도는 곳을 알아내야 한다. 그래서 병력배치의 극치는 무형에 이르는 것이라. 형체가 없으면 깊이 들어온 간첩도 엿볼 수가 없고 지혜로운 장수도 작전을 펼칠 수가 없다. 형체 없는 군대로 인해 많은 적으로 부터 승리를 거두지만 적들은 패한 이유를 모른다. 사람들은 모두 내가 이기는 원인이 되었던 군형은 알지만 내가 이길 수 있도록 변화한 군형의 내용은 알 수가 없다. 그러므로 그 전쟁에 이긴 계책은 되풀이하여 쓰지 않으며, 적의 군형에 대응하여 무궁하게 변용되는 것이다.

故策之而知得失之計 作之而知動靜之理 形之而知死生之地 角之而知有餘不足之處 故形兵之極 至於無形 無形 則深間不能窺 知者不能謀 因形而措勝於衆 衆不能知 人皆知我所以勝之形 而莫知吾所以制勝之形 故其戰勝不復 而應形於無窮

적의 정세를 파악해 이해와 득실을 계산해 보아야 한다. 적을 자극해 강하고 약한 곳을 파악할 것이며 부족한 것과 남아도는 것을 알아야 한다. 그리고 적이 지금 있는 곳이 사지인지 생지인지를 알아야 한다. 아군이 펼치는 전략은 적이 모르게 하므로 적의 간첩이 들어와도 알 수가 없다. 전쟁에 이기되 사용하는 전략과 전술은 때와 장소에 따라 시시각각 무궁무진하게 응용하므로 승리의 원인이 무엇이라고 특정해서 말할 수가 없다. 한 번 승리한 방법은 똑같이 되풀이 되지 않으며 되풀이 될 수도 없다.

해 아래에서는 절대적인 것은 절대로 없다. 싸움에 있어서도 마찬가지다. 완벽해지도록 노력해 나갈 뿐이다. 완벽한 것은 신의 영역이며, 완벽해지려고 노력하는 것은 인간의 영역이다. 전쟁에서는 수시로 정세의 변화에 따라 몇 번이고 고쳐 변화해야 한다. 그것이 싸움에 임하는 자의 자세다.

* 이 세상에 완벽한 것은 없다. 기회 있을 때 마다 상황에 맞게 변화
하고 미진한 것은 몇 번이라도 수시로 보완하라.

전쟁의 형세는 흐르는 물과 같아야 한다

전쟁의 형세는 물의 흐름을 본받아야 한다. 물이란 높은 곳을 피하고 낮은 곳으로 흐른다. 전쟁의 모습도 이와 같아서 강한 것을 피하고 약한 것을 쳐야 하는 것이다. 물이 땅의 모습에 따라 흐르듯 전쟁은 적의 상황에 따를 때 승리가 이루어지는 것이다. 그러므로 전쟁에는 정해진 형세가 없다. 물은 형상이 없듯이 전쟁 역시 적의 태세의 변화에 따라 승리를 취하는 것이니 이를 이르러 신묘하다고 하는 것이다. 그러므로 오행(금, 목, 화, 수, 토)은 늘 승세가 변화하며 사계절은 늘 제자리에 있지 않고 변화하며 해는 짧아지기도 하고 늘어지기도 하고 달도 차다가 기우는 것이다.

夫兵形象水 水之行 避高而趨下 兵之形 避實而擊虛 水因地而制流 兵因敵而制勝 故兵無常勢 水無常形 能因敵變化而取勝者 謂之神 故五行無常勝 四時無常位 日有短長 月有死生

물이 높은 곳을 피하여 낮고 약한 곳을 따라 흐르듯 전쟁의 양상 역시 적의 약한 곳으로 흘러 들어가 상대를 쳐야 한다. 물은 땅의 흐름에 순응하며 흘러간다. 그처럼 전쟁의 태세 역시 전쟁의 진행 상황에 맞게 승리를 추구 하게 되므로 신묘하다.

세상의 이치도 이와 마찬가지다. 인생은 마치 일기의 변화와도 같다. 물의 흐름처럼 시시각각으로 변화한다. 따스한 날이 있는가 하면 태풍이 몰아치는 날도 있다. 태풍이 몰아친다고 좌절하고 한숨만 지을 일이 아니다. 자고 나면 날은 개이고 즐거운 일들이 다시 생긴다. 그러니 시시각각으로 변화는 삶에 일희일비 할 것이 아니다.

파도치는 바다에 배가 롤링을 하듯 그렇게 힘을 빼고 변화와 함께 흔들릴 수 있어야 한다. 그건 두려워해야 할 일이 아닌 지극히 당연하고도 현명한 일이다. 나아가 현재 일어나는 상황을 즐기고 상황의 변화를 이용할 줄 알아야 한다. 변화는 생명의 본질이다. 그래서 오늘 지금 일어나지 않을 수 있는 일은 아무 것도 없다는 열린 생각을 하며 대응해 나가라.

목련이 피고 간 뒤에
그리움으로 피 토하던
붉은 장미와 선인장
모두들 어디 갔나
시골집 순이 같은
분꽃만 홀로 남겨두고
모든 것 다 끝난 듯한
겨울 정원에는
다시 이슬 머금은
국화 봉우리
때가 오지 않았음을
한탄할 일이 아니다
때가 왔음을
기뻐할 일도 아니다
찬바람 부는
겨울 정원에 서 보면

(겨울정원)

제 7 장

군쟁편
軍爭篇

돌아가는 것이
빠른 길일 수도 있다

군쟁 편은 각론의 시작이다. 1-6편이 전쟁의 총론에 해당된다면 7편 군쟁 편에서부터 13편 용간 편까지는 전쟁의 각론에 해당되는 부분이다. 군쟁은 싸워서 이기는 전술적인 측면에 대한 언급이 주를 이룬다. 군쟁 편에서 말하는 전술의 핵심은 우직지계迂直之計와 전쟁은 사기兵以詐立라는 것이다. 우직지계는 우회해 가는 것 같지만 실제로는 직행하는 것과 같은 실리를 챙기는 전술을 구사하는 것을 말하며 병이사립이라는 것은 전쟁은 사기인데 오히려 전쟁에서는 기만적인 술책은 칭찬받아 마땅하다는 것이다. 그 외에 병사들의 심리상태를 다스리는 것을 의미하는 사치四治, 즉 병사들의 사기氣, 마음心, 힘力, 변화變를 다스림과 여덟 가지 용병의 원칙을 언급하고 있다.

세상을 살다보면 알아도 모르는 척하고
못난 사람들 틈에 있어도 잘난 척 하지 않고 그들과 함께 울고,
웃으며 다른 사람보다 앞서 나가서 무뢰하게 행하지 않는 것이
현명한 처신이다. 세상의 어리석은 것 중에 자신의 힘을
과시하는 것처럼 어리석은 일은 없다.
인간의 힘이란 세상의 또 다른 큰 힘에 의해 꺾이게 되기 때문이다.
과욕을 부리는 것과 힘이 세다는 것을 자랑하기보다는
겸손하게 자신의 마음을 닦고 실리를 취하는 것이
요동치 않는 길이다.

적을 방심시켜 실리를
취하라

손자가 말하기를 무릇 전쟁은 장수가 임금으로 부터 명을 받아 백성을 징집하고 적과 진을 맞대고 대치하여 싸워서 이기는 것인데 이것보다 어려운 일이 없다. 전쟁이 어렵다는 것은 우회함으로 직행의 이점을 취하고 불리한 것을 도리어 유리한 것으로 만들어야하기 때문이다. 그런고로 적에게 길을 돌아가는 것처럼 보여 이익을 주어 유인하고 뒤늦게 출발하나 먼저 도달하게 된다면 이것이 바로 우직지계인 것이다.

孫子曰 凡用兵之法 將受命於君 合軍聚衆 交和而舍 莫難於軍爭 軍爭之難者 以迂 爲直 以患爲利 故迂其途 而誘之以利 後人發 先人至 此知迂直之計者也

전쟁 수행이 어려운 것은 적이 보기에는 어리석은 짓을 하는 것처럼 보이나 실제적으로는 실리를 취해야 한다는 데 있다. 미련하게 남보다 늦게 출발하며 우회하는 것처럼 보이나 실제로는 직행의 효과를 얻게 하는 것이 손자가 말하는 우직지계迂直之計인 것이다.

무엇이 탁월한 솜씨인가에 대해서는 참으로 많은 기준과 의견이 있으나 전쟁에서 요구되는 훌륭한 전쟁 수행 능력이라는 것은 다름 아닌 자신의 뛰어난 기량, 뛰어난 솜씨를 감추는 것이다.

세상을 살다보면 알아도 모르는 척하고 못난 사람들 틈에 있어도 잘난 척 하지 않고 그들과 함께 울고, 웃으며 다른 사람보다 앞서 나가서 무뢰하게 행하지 않는 것이 현명한 처신이다. 장자莊子에 보면 사슴은 그 아름다운 뿔을 자랑하다가 나뭇가지에 걸리며 표범은 그 가죽을 자랑하다가 사냥꾼에게 잡힌다.

세상의 어리석은 것 중에 자신의 힘을 과시하는 것처럼 어리석은 일은 없다. 유한한 인간의 힘이란 세상의 또 다른 큰 힘에 의해 꺾이게 되기 때문이다. 과욕을 부리는 것과 힘이 세다는 것을 자랑하기보다는 겸손하게 자신의 마음을 닦고 실리를 취하는 것이 요동치 않는 길이다.

어눌하고 거동이 불편한 사내가
손가락에 검정 때를 묻힌다
하루에 서른 켤레는 닦아야
입에 풀칠이나 할 수 있다며
자신의 고단한 삶을 닦는다
손가락에 검정 문신을 새기며—
자신이 누구인지를 고백할 때
눈앞에 떨어지는 파란 지폐 석 장
세상은 얼마나 지열한 곳인가
몇 천원을 우습게 아는 자여
그대는 내일 지옥에 가 있으리라
아침에 짐을 나와 구두를 닦는다
어리석은 내 마음을 닦는다
(구두를 닦으며)

무리한 진군은
금물이다

그런고로 전쟁은 이롭기도 하고 위험한 것이기도 하다. 군을 모두 동원해서 전투를 하면 성과에 이르지 못할 것이고 병사들에게 맡겨 전투를 벌이면 수송부대는 버려질 것이기 때문이다. 그런고로 갑옷을 벗어 접어들고 배나 되는 거리를 밤낮 달려 100리 앞에 있는 이익을 쟁취한다 하더라도 삼군의 장수는 포로가 되며 강한 자는 먼저가고 고달픈 자는 낙오가 되어 병력의 10분의 1만 도착할 것이다. 50리 앞의 이익을 쟁취하려 든다 해도 선두에 선 상장군은 쓰러지고 도달하는 병력은 2분의 1만 도착할 것이다. 30리 앞의 이익을 쟁취하려 든다 해도 병력의 3분의 2만 도달할 것이다. 이런 까닭에 군대에 치중(수송부대)이 없으면 망하고 양식이 없어도 망하고 물자가 없어도 망하는 것이다.

故軍爭爲利 軍爭爲危 擧軍而爭利 則不及 委軍而爭利 則輜重捐 是故卷甲而趨 日夜不處 倍道兼行 百里而爭利 則擒三將軍 勁者先 罷者後 其法十一而至 五十里而爭利 則蹶上將軍 其法半至 三十里而爭利 則三分之二至 是故軍無輜重則亡 無糧食則亡 無委積則亡

전쟁에는 이로운 점과 해로운 점이 동시에 존재한다. 전군을 동원하여 전쟁을 하면 시기를 놓치게 되며 군사들에게 맡겨 앞을 다투어 진격하게 하면 수송부대는 뒤처지게 된다. 100리 길을 경쟁을 다투어 진격하게 하면 강건한 장병은 앞서 달려가고 고달픈 장병은 뒤처지게 되어 병력의 10분의 1만 목적지에 도달할 것이며 상중하 3군의 장수는 모두 포로로 잡히어 전멸하게 된다.

여기서 고달픈 장병을 魏武帝註孫子 본에서는 피곤할 피疲를 쓰는데 손자십가주孫子十家註에서는 고달플 피罷를 쓴다. 전쟁에 동원되면 피곤한 것을 넘어 고달프고 지칠 것이기에 고달프다고 하는 것이 맞을 것이다. 50리의 길을 다투게 하면 3군 중 상장군은 쓰러지고 병력의 2분의 1만 도달하게 되며, 30리의 길을 다투게 하면 병력의 3분의 2만 도달하게 된다.

그래서 전쟁은 각기 다른 병사들의 체력이나 사기를 고려하여 합리적으로 작전을 펼치는 것이 중요하며, 천지와 지기 등 제반 사정을 고려하여 신중하게 운용되어야 한다. 성과에 급급하거나 조급한 마음으로 무리한 행군을 강행하게 되면 병력이 나뉘고 장수는 잡히거나 죽게 되어 전쟁에서 패하게 된다.

장수는 자신의 뚜렷한 주관과 소신 그리고 그동안의 전쟁 수행 경험과 주변 사람들의 의견을 종합하는 능력이 필요하다. 무리한 욕심은 정상을 비정상으로 만들며 상식을 몰상식으로 만들어 모든 것을 집어 삼킨다. 약한 것은 약한 이유로 강한 것은 강하다는 이유로 더욱 절제가 필요하다.

무리한 과욕은 삶의 수레바퀴를 다 태워버린다. 무리한 욕심은 무서운 것이다. 약한 것은 약하기 때문에 강한 것은 강한 이유로 더욱 절제가 필요하다.

전쟁은 사기다

그런 까닭에 다른 나라 제후가 무슨 생각을 하는지 모르는 상태에서 외교관계를 맺을 수 없으며 산림과 험조한 곳과 빠지기 쉬운 습지대의 지형인지를 모르고는 행군할 수가 없다. 그 고장의 사람을 이용하지 않고서는 지형 지리의 이점을 얻을 수가 없다. 고로 전쟁은 상대를 속이는 데서 성립하며 이익을 좇아 병력을 나누고 합치는 변화를 부림으로 하는 것이다.

故不知諸候之謀者 不能豫交 不知山林險阻沮澤之形者 不能行軍 不用鄉導者 不能得地利 故兵以詐立 以利動 以分合爲變者也

국가 간의 동맹이라는 것은 힘이 있을 때만 유효한 것이지 힘이 없을 때는 아무 쓸모가 없다. 더욱이 상대가 무슨 의도를 가지고 동맹을 요청하는지 모르는 상태에서는 더욱 그렇다. 제11편 구지九地편에는 교지交地나 구지衢地에 대하여 나오는데 교지는 교통의 요지이며 구지는 여러 나라의 국경이 맞댄 곳이다. 역사적으로 볼 때 적국을 공격해 들어갈 때 길을 열어달라는 요청을 한 후 길을 연 틈을 타서 그 나라를 치는 경우도 있었다. 그래서 상대의 뜻을 알기 전에는 동맹을 할 수가 없는 것이다.

산림이 우거진 지역과 빠져 나오기 어려운 습지, 경사도가 심하고 길이 없는 험조險阻한 곳은 행군해서는 안 된다. 그 고장 사람을 부리지 않고서는 지리적인 이점을 누릴 수 없다. 전쟁은 아군의 이익을 위해 병력을 합치고 나누며 수시로 이를 변동하는 등 온갖 기망적인 술수를 다 사용해야만 하는 일이다. 일상에서는 그런 행동이 비난받을 일이라 하더라도 전쟁터에서는 아주 자연스럽고 칭찬받아 마땅한 일이다. 제 1편 시계 편에서도 병자 궤도야兵者 詭道也라는 말이 있듯이 전쟁은 상대를 속이는 무한한 변칙적인 모략과 공격을 중요시 한다.

잠시 멈춤

진실이 아니라 거짓으로
희망이 아니라 가짜 맹세를 하며
거친 들을 가는 사람들이 있다

사람은 정직하고 진실해야 한다고
그것만이 희망이라고 말을 하지만
거짓에 기대어 살아야 하는 때가 있다

살다보면 정직과 진실보다
거짓 맹세와 헛된 꿈에 기대어
한 세월을 보내어야만 하는
그런 불온한 때가 있다

허망한 맹세도 거짓도
삶의 거름이 되고 기름이 되고
희망이 되는 그런 날들이 있다

(삶의 거짓에 대하여)

점령하면 그곳 백성을
아군 편으로 만들라

그래서 바람과 같이 빠르게 하고 느릴 때는 마치 숲과 같으며 멈추어 있을 때는 산과 같고 어둠 속에서처럼 은밀하고 천둥번개처럼 날래야 한다. 고을을 약탈하면 그곳 사람들을 흩으며 땅을 넓히면 분할 점령하여 관리시키며 이익을 형량하여 그에 따라 움직인다. 먼저 우직지계를 아는 자가 승리하게 된다. 이것이 전쟁의 법칙이다.

故其疾如風 其徐如林 侵掠如火 不動如山 難知如陰 動如雷震 掠鄉分衆 廓地分利
懸權而動 先知迂直之計者勝 此軍爭之法也

바람과 같이 빠르며 정한 것이 숲속과 같아야 한다고 말한다. 여기서 병疾과 서徐는 대립되는 개념이다. 침략하는 것이 불과 같고 움직이지 않는 것이 산과 같아야 하는데 침략侵掠과 부동不動 역시 대립의 개념이다. 또한 은밀함은 마치 밤과 같으며 날랜 것이 천둥번개 치듯 해야 하는데 난지難知와 동動이 대립되는 개념이다. 흔히 싸움을 할 때 나비처럼 날아 벌과 같이 쏜다는 말이 있는데 여유와 날램의 자유자재한 공격을 통해 상대를 혼란스럽게 하여 굴복시켜야 한다는 것인데 그 기원이 바로 병법에서 비롯되었음을 알 수 있다.

적국을 점령했을 때는 그곳에 거주하는 주민들에게 땅을 분배해 주어 인심을 얻을 것이며, 땅이 넓혀지면 각 부대가 분할 점령하여 관리의 효율을 높여야 한다. 전장의 현지에서 일어나는 일들을 저울에 달아 이익이 되는 방향으로 시행한다. 우직지계를 아는 것이 전쟁에서 승리하는 법이다.

점령 후 통치를 하는데 있어서도 승리에 자만하여 광포를 일삼을 것이 아니라, 오히려 겸손한 마음으로 은밀하게 이긴 자의 힘을 사용해야 한다.

송대宋代의 유학자들이 손자를 비판한 것은 주로 병법에 적지로 들어가 물자와 사람을 약탈한다는 대목이었다. 싸우지 않고 이기는 것을 좋아하고 성을 치는 것 보다 상대의 전의를 꺾는 것을 중시하지만 일단 전쟁이 일어나면 부득이 하게 사기적인 방법과 온갖 궤도를 사양치 않는 손자로서는 이런 비판이 이해가 가지 않을 것이다. 하지만 전쟁을 통해 상대에게 원한이나 증오를 심는 것은 피해야 할 것이다.

이긴 자의 관용을 발휘하여 점령지 현지인들의 도움을 이끌어 내어 아군의 전력을 증강하기 위해서 그들을 포용하는 정책이 필요하다. 사람을 복종시킬 때는 위압적인 방법보다는 온정적인 방법이 유용할 때가 많다.

논어에 근자열 원자래近者悅 遠者來라는 말이 있다. '가까이 있는 자들을 즐겁게 하라. 그러면 먼 곳에 있는 자들이 몰려오리라' 는 말이다. 승자의 세를 더욱 키우는 방편이 될 것이다.

많은 군사를 부릴 때는
상징을 사용하라

군정에 이르기를 말을 해도 서로 알아듣지 못하는 까닭에 징과 북을 사용하는 것이며 서로 보지 못하는 까닭에 깃발을 사용하는 것이다. 대저 징과 북, 깃발이라는 것은 사람의 눈과 귀를 하나로 하기 위함이다. 사람들이 하나로 통일되면 용감한 자라도 혼자 돌진할 수 없고, 비겁자라도 혼자 물러 설 수가 없다. 이것이 바로 다수의 병사들을 다루는 법이다. 그런고로 야전에서 횃불과 북을 많이 사용하고 주간에는 깃발을 사용하여 사람의 이목을 변화시키기 위해서다.

軍政曰 言不相聞 故爲金鼓(鼓鐸) 視不相見 故爲旌旗 夫金鼓旌旗者 所以一民之耳目也 民旣專一 則勇者不得獨進 怯者不得獨退 此用衆之法也 故夜戰多火鼓 晝戰多旌旗 所以變民之耳目也

첫 구절에 나오는 군정軍政은 고대로부터 있던 병서兵書를 말한다. 군정軍政에는 군대를 관리하고 군법을 집행하는 것을 다룬다. 군정에는 다수의 병사를 일률적으로 신속하게 다루는 방법을 언급하고 있다. 전쟁터에서는 군대 규모가 엄청나고 병사 또한 많아 서로가 하는 말이 들리지 않으므로 주로 북으로 진격을 명하고 징으로 후퇴를 알게 한다. 손자십가주孫子十家註 원문에는 북과 징을 의미하는 고위고탁故爲鼓鐸부분에서는 북 고鼓와 방울 탁鐸을 썼으나 뒤에 나오는 부금고기정자夫金鼓旌旗者에서는 금고金鼓라는 글자를 사용하고 있다. 서로 말이 잘 들리지 않는 전장에서 방울을 쓴다는 것이 말이 안되므로 북과 징을 의미하는 금고로 통일해서 쓰는 것이 맞을 것이다.

이처럼 형명刑名을 사용하는 것은 병사들의 이목을 집중시키고 변화시키기 위해서다 이렇게 일률적으로 행동을 통일할 경우 용감한 자라도 혼자 나아갈 수 없고, 비겁한 군사라도 혼자 후퇴하지 못하게 된다. 야간에는 주로 횃불과 북을 사용하고, 주간에 벌어지는 전투에서는 깃발을 많이 사용한다. 이것은 적군의 귀와 눈을 혼란시키고 아군의 세력을 과시하는 수단이 된다.

사치四治를 다스리는
심리전이 전쟁의 핵심

그래서 삼군의 사기를 빼앗을 수 있고, 장수의 마음을 빼앗을 수 있다. 그런 까닭에 아침에는 사기가 왕성하고 낮에는 헤이해지고 저녁에는 사라진다. 고로 전쟁을 잘 수행하는 자는 사기가 왕성할 때 공격을 피하고 사기가 나타나거나 사라질 때를 기다려 공격하는 것이다 이것이 사기氣를 다스리는 병법이다. 정연한 것으로 혼란한 것을 다스리고 고요함으로 소란한 것을 다스리는 이것이 마음心을 다스리는 것이다. 가까이 있어 멀리서 오는 적을 맞고 편안함으로 피곤한 적을 상대하며 배부름으로 배고픈 적병을 맞는 것은 힘力을 다스리는 것이다. 깃발을 세우고 정연한 대형을 지어 오는 적을 맞지 말며 당당한 진영을 갖춘 진을 치지 말 것이니 이것은 상황의 변화變를 다스리는 것이다.

故三軍可奪氣 將軍可奪心 是故朝氣銳 晝氣惰暮氣歸 故善用兵者 避其銳氣 擊其惰歸 此 治氣者也 以治待亂 以靜待譁 此治心者也 以近待遠 以佚待勞 以飽待飢 此治力者也 無要正正之旗 勿擊堂堂之陣 此治變者也

* 사치(四治) : 사기(氣), 마음(心), 힘(力), 변화(變)를 다스림

병사를 다스리는 4가지의 중요한 사항을 언급하고 있다. 그것은 사기, 마음, 힘, 변화를 다스려야 한다는 4치를 말한다. 전쟁에 있어서는 매 순간 적의 동태를 관찰하고 심리전을 수행하여 상대의 싸우고자 하는 의도를 공격하고 사기를 꺾어 전쟁에서 패배하도록 해야 한다. 이를 위해서는 상대의 사기와 마음과 힘과 상황의 변화를 다스려야 한다. 사람은 심리적인 존재다. 사람의 마음에 따라 생과 사가 달려 있다. 따라서 전쟁에 임하는 병사의 심리상태를 아는 것이 중요하다.

적을 공격할 때는 기세가 강한 아침에 할 것이 아니라 기세가 꺾이거나 없어지는 낮이나 저녁 무렵이 좋은데 이를 피기예기 격기타귀避其銳氣 擊其惰歸라고 한다. 이것이 바로 적의 사기를 다스리는 것이다. 전장에서 적이 소리치고 거칠게 나오더라도 흔들림 없이 정연하고도 고요함으로 적의 혼란과 소란을 다스리는 것은 적의 마음을 다스리는 것이며, 먼저 가서 멀리서 힘들게 오는 적을 기다리고 편안함으로 피곤한 적을 상대하며 배부름으로 배고픈 적을 상대하는 것이 적의 힘을 다스리는 것이다.

깃발을 세우고 대형을 이루고 오거나 당당한 진영을 갖추고 오는 적은 치지 않아야 한다無要正正之旗 勿擊堂堂之陣 此治變者也. 무요정정지기無要正正之旗에서 판본에 따라 要를 邀, 邀를 사용하기도 하는데 손자십가주孫子十家註에는 구할 요要로 되어있다. 정연한 깃발을 세우고 오는 적을 구하지 마라는 것은 맞아 싸우지 말라는 의미인데 이는 상황에 따른 변화를 다스리는 것이다.

산다는 것은 흔들리는 것이다
어제는 참 무서웠다고 생각하며
오늘은 정말 감사하다고 생각하며
그렇게 흔들리며 가는 것이다
방황하지 않는 삶이 어디 있으며
흔들리지 않고 가는 삶이 어디 있으랴
산다는 것은 사람들 속에서
누구나 흔들리게 마련이다
정해진 그곳까지 가기위해서
흔들려야만 도달할 수 있다
오늘도 사람들 속에서 흔들거리며
한발 한발 나의 길을 간다
한 걸음을 앞으로 내딛기 위하여
좌로 한 번 흔들리다가
한 걸음을 앞으로 내딛기 위하여
우로 한 번 또 흔들린다
산다는 것은 숨이 멎는 순간까지
흔들리는 것이다 (산다는 것)

장수에게 주는
8가지 경고

그런고로 병법은 고지에 있는 적을 공격하지 말고, 언덕에 있는 적을 치지 말며, 거짓으로 달아나는 적을 쫓지 말고, 정예부대는 공격하지 말고, 미끼로 유인하는 병사는 공격하지 말아야 한다. 후퇴하는 군대를 막지 말며, 포위된 적에게는 도망갈 길을 터주며 공격하고 궁지에 빠진 적을 압박하지 말라. 이것이 병법이다.

故用兵之法 高陵勿向 背丘勿逆 佯北勿從 銳卒勿攻 餌兵勿食 歸師勿遏 圍師必闕 窮寇勿迫 此用兵之法也

용병을 하는데 있어 필요한 8가지 기술에 관한 언급하고 있다. 어구의 사용에 있어 7가지에는 하지 말라는 뜻에서의 물勿자를 사용했고, 한 가지는 반드시 해야 한다는 필必자를 사용한 것으로 보아 이 8가지 모두 장수에 대해 경고하는 내용으로 되어 있다. 따라서 전쟁에 나가는 장수는 반드시 숙지해야 할 사항들임을 알 수 있다.

먼저 고릉물향高陵勿向과 배구물역背丘勿逆은 지형에 관계된 것이다. 제6편 허실 편에서 보았듯이 용병은 물의 흐름처럼 높은 곳을 피해 아래로 흐르듯이 용병도 실한 곳을 피하고 허한 곳을 쳐야한다夫兵形象水 水之行 避高而趨下 兵之形 避實而擊虛는 지형의 원리와 마찬가지다. 그런 까닭에 높은 곳에 있는 적을 거꾸로 아래에 있는 아군이 치는 것은 지형의 원리에 맞지 않는다. 또한 언덕에 있는 적을 치지 않는다는 배구물역背丘勿逆도 지형과 관계된다. 제9편 지형에 보면 행군을 할 경우 높은 곳에 처하는 것이 좋으며視生處高, 언덕이나 제방에서는 반드시 양지쪽에 치되 오른쪽을 등지도록 하는 것이 유리하다丘陵堤防 必處其陽而右背之 此兵之利라는 내용들을 보면 고지에서 안전한 방어막을 치고 아래로 향해 있는 적을 밑에서 공격하지 않는 것이 지형에 거스르지 않는 병법임을 알 수 있다.

장수가 상대해서 별로 이익이 되지 않는 셋이 있다. 먼저 양배물종佯北勿從인데 아군을 유인하며 거짓으로 달아나는 적은 복병이나 함정이 도사리고 있을 가능성이 있기 때문에 뒤따라 쫓아가지 않아야하고, 예졸물공銳卒勿攻인데 적의 정예부대는 가급적 상대하지 않는 것이 좋은데 이는 패할 경우 아군의 사기가 꺾이고 타격이 크기 때문이다. 이병물식餌兵勿食은 작은 규모의 적에게 유인되어 대군이 함정에 빠지는 경우도 있어 적은 미끼를 덥석 물면 안 된다는 것이다.

상대해서 안 되는 또 다른 3종류의 적은 '막나가는 적'이다. '막나가는 적'이란 목숨을 걸고 너 죽고 나죽자는 식으로 결사항전 식으로 나오는 적을 말하는데 이들과는 상대해서 이로울 것이 없다. 그 첫째가 귀사물알歸師勿遏인데 철수하는 적의 퇴로를 막지 말아야 한다. 전지를 떠돌다 보면 본국에 대한 향수가 생겨 철수를 막으면 목숨을 다해 싸울 것이다.

제11편 구지 편에서 본국을 떠나 다른 나라 깊이 들어가지 않은 경우를 경지라고 하는데 고향과 가족에 대한 향수로 인해 탈영을 하고 각종 범죄를 일으키게 되어 용병에 어려움이 많은 지형임은 이와 같은 이유에서다.

위사필궐圍師必闕은 적을 포위하게 되는 경우에는 도망갈 구멍을 열어주어야 하는데 도망갈 곳이 없는 쥐는 고양이를 물게 된다. 마지막으로 궁구물박窮寇勿迫이다.

적에게 공포심이나 증오심을 줄 정도로 심하게 궁지로 몰지 말아야 한다는 것인데 사람이 절망적인 상황에 내 몰릴 경우 상상 이상의 초능력적인 반격으로 아군에게 타격을 줄 수 있기 때문이다. 공격을 하는 측이나, 공격을 당하는 측이나 공히 살기 위해 연출을 하고, 지지 않고 이기기 위해 변모하는 것인데 이 모든 것이 우리네 인생이다.

산다는 것은 모두 연출이고

결국 퍼포먼스라는 그 말

하나도 틀린 말이 아니다

흔들리는 세상과 같은 전철에서

눈을 감고 졸고 앉은 사람들

종점에 이르면 어김없이 일어나

연기처럼 모두 사라져 버린다

뚜벅뚜벅 또각또각 황급히

발자국 소리로 흩어지며

어디론가 말을 몰아 내 달린다

조용히 눈을 감고 있어도

입을 굳게 다물고 있어도

앞가림 하나는 빈틈이 없다

인생은 연기고 퍼포먼스라는 그 말

하나도 틀린 말이 아니다

(인생은 연기)

제 8 장

구변편
九變篇

언제나 상황에
대비하라

구변九變편은 구지九地편과 매우 밀접한 관련이 있어 구지九地편의 일부라고도 볼 수 있다. 손자병법 13편을 통해 구변九變편은 제일 짧고 구지九地편은 제일 긴 편인데 구변九變편의 내용에 구지九地편의 내용이 많이 재인용되므로 일부 학자들은 구변九變편은 구지九地편의 착간이라고 보는 경우도 있다.

구변九變이라함은 전시의 긴급 상황을 대처하는 9가지의 변칙적인 용병술을 말한다. 변變은 상常의 반대개념으로 전시에는 상常보다 융통성이 있는 변통變通의 대처가 중요하므로 장수들이 필히 알아야 함을 강조하고 있다. 아울러 지혜로운 장수는 매사에 이해가 교차하므로 이를 고려하여 변통變通해야 하며 변통을 하지 못함으로 인해 장수에게 생기는 5가지 위험五危에 대해 경고하고 있다.

장수의 처신은 단순하지 않다.
모든 만사에는 손해와 이익이 개재되어 있다.
이익이 되는 일에도 어느 정도의 손실되는 부분이 있다.
하지만 더 큰 이익을 생각해서 달게 그것을 감수해야 한다.
이 모든 것을 함께 고려할 줄 아는 지혜가 필요하다.
그래서 장수의 생각은 늘 깊을 수밖에 없다.

여건에 따라
달리 대처하라

손자가 말하기를 병법이라는 것은 장수가 임금으로부터 명을 받아 군사를 징집해서 사람을 모으거니와 불편한 곳에서는 주둔하지 않고 교통이 발달한 곳에서는 이웃나라와 외교를 잘 맺고, 외딴 곳에서는 머무르지 말며, 산이나 물로 막힌 곳에서는 벗어나기를 도모하고 사지에서는 전쟁을 해야 하는 것이다.

孫子曰 凡用兵之法 將受命於君 合軍聚衆 圮地無舍 衢地合交 絶地無留 圍地則謀
死地則戰

구변九變편은 시작부터 앞선 제7편 군쟁軍爭편과 뒤에 나올 제11편 구지九地편의 내용을 일부 인용해서 서술하고 있다. 특히 중요한 내용인 구변九變의 용어 자체를 구지九地 편의 구지九地에서 가져오게 되므로 어떤 해설서에서는 구변九變 편을 구지九地편 뒤에 두고 설명하기도 한다. 전쟁은 장수가 임금으로부터 출동 명령을 받아 적과 진영을 대치하여 싸워서 이겨야 하는 어려운 일이다.

행군하기에 불편한 비지圮地에서는 주둔하지 말아야 하며, 교통이 편리한 구지衢地를 지날 때에는 이웃나라와 외교를 잘 맺어야 하며, 산이나 물로 막혀 교통이 불편한 절지絶地에서는 오래 머물지 말 것이며, 사방이 포위된 위지圍地에서는 어떤 방법으로든 그곳을 벗어나야 하며, 빠져 나올 수 없는 사지死地로 들어가면 온 힘을 다해 싸워야 한다.

위 본문에서 구지 편에 나오는 내용과 동일하게 중복되는 부분은 4부분이다. 불편한 곳에는 주둔하지 말라는 비지무사圮地無舍가 구지九地 편에서는 비지즉행圮地則行 이라 하여 주둔하지 말고 직행하라고 나오는데 이는 결국은 같은 내용이다. 그리고 교통이 편리한 곳으로 들어가면 외교를 잘 맺으라는 구지합교衢地合交는 구지九地 편에 구지즉합교衢地則合交로, 산이나 물로 막힌 곳에서는 벗어나기를 도모하라는 위지즉모圍地則謀는 구지九地 편에서는 그대로 위지즉모圍地則謀로, 사지에서는 싸우라는 사지즉전死地則戰은 구지 편에 나오는 사지즉전死地則戰과 동일하다. 즉 구지九地에 나오는 9가지 지형 중 4가지를 여기서 다시 인용한 셈이다.

장수가 하지 않으면
이로운 5가지五利

가지 말아야 하는 길이 있고 공격하지 말아야 할 군대가 있으며 공격하지 말아야 할 성이 있고 싸우지 말아야 할 땅이 있으며 임금의 명령이라도 받들지 말아야 할 것이 있다.

途有所不由 軍有所不擊 城有所不攻 地有所不爭 君命有所不受

또한 병법에는 오리五利라고 하여 장수가 하지 않으면 이로울 5가지에 대해 언급하고 있는데 이를 오리五利라고 부르기도 하고 사람에 따라 '유소불'有所不 : 하지 말아야 할 것 5가지라고 부르는 경우가 있다.

길은 통행하는 것이나 전쟁의 상황에 따라서 가지 말아야 할 길과 공격하지 말아야 할 군대와 공격하지 말아야 할 성과 싸우지 말아야 할 땅과 받들지 말아야 할 임금의 명령이 있다.

이처럼 전쟁에 있어서는 전지의 여건과 상황에 따라 거기에 상응하는 대응을 해야 함을 강조하고 있다.

이것은 어디 전쟁에 나간 장수에게만 해당하는 내용일까. 일상의 삶 역시 조심할 것이 끊이지 않아서 별반 다를 것이 없다.

살다보면 경험이 없고 어리석고 때로는 교만해서 만나지 말아야 할 사람을 만나는가 하면 들어서지 말아야 할 길에 들어서기도 하며 싸우지 말아야 할 상대를 만나 싸우면서 자신을 스스로 사지로 몰아넣어 탕진하는 일이 많다.

그대 멋대로 행하지 말라
거리의 신호를 어기지 말며
달리는 차에서 쓰레기를 버리지 말고
전철에서 가랑이를 벌리고 앉지 말라
이 모든 것이 쉽게 길을 내어
종국에는 그대를 삼킬까 두렵다
바람이 불면 부는 대로 흔들리며
눈이 오면 눈길을 위태롭게 걸어가라
순전한 아이의 마음을 품을 것이며
썼던 어떤 가면도 벗어 던지라
길이 아닌 곳은 들어서지도 말며
비가 오면 온몸으로 바를 맞으라

(경고)

지리적인 정세를 알고
임기응변에 능해야 한다

고로 장수가 구변의 이점을 잘 숙지하고 있으면 용병을 잘하게 되며 장
수가 구변이 주는 이점을 잘 숙지하지 못하고 있으면 비록 지형을 잘
알고 있다하더라도 지형의 이점을 누릴 수가 없다. 구변의 기술을 알지
못하고 다스리는 것은 비록 오리의 이점을 안다고 하더라도 용병을 잘
할 수가 없다.

故將通於九變之地利者 知用兵矣 將不通於九變之利者 雖知地形 不能得地之利
矣 治兵不知九變之術 雖知五利 不能得人之用矣

장수는 이러한 구변과 오리의 이점을 잘 알고 있어야 한다. 구변九變
이라함은 제11편 구지九地에 나오는 9가지의 지형을 말하는데 산지, 경
지, 쟁지, 교지, 구지, 중지, 비지, 위지, 사지에서의 임기응변적인 용병
을 구변九變이라 부르는 것이다. 그리고 오리五利라고 하는 것은 가지 말
아야 할 길途有所不由, 공격하지 말아야 할 군대軍有所不擊, 공격하지 말아
야 할 성城有所不攻, 싸우지 말아야 할 땅地有所不爭, 임금의 명령이라도 따
르지 않을 명령君命有所不受의 5가지를 말한다.

비록 지형을 잘 안다고 하더라도 구변九變의 이점을 모르면 허사며,
오리五利의 이점을 안다고 하더라도 구변九變의 기술을 알지 못한다면

용병을 할 수가 없다. 구변九變과 오리五利의 이점이라는 것은 땅의 성격에 따른 임기응변적인 조치를 말하고 오리 역시 장수가 행하지 말아야 할 5가지 이로운 점을 말하는 것으로 결국 전쟁의 상황을 읽는 유연한 태도를 말한다.

살아가면서 자기중심적인 것에 사로잡히면 상황의 변화에 무감각하게 된다. 유연한 대응을 하는 것이 살아 있는 것이 취해야 할 첫 번째의 신조다. 틀에 갇히거나 고정적인 시선을 가져서는 생명의 유지와 발전에 도움이 안 된다. 사정이 변화하면 얼마든지 자신의 태도와 입장을 바꾸고 상황에 적응할 수 있어야 한다.

잘난 나를 위하여

얼마나 많은 사람에게

아픔을 주며 살아 왔었나

가까운 피붙이들이며

순전한 이웃들이여

나를 용서해다오

절제를 몰라 쓰러지고

욕심을 버리지 못해

이름 석 자를 더럽힌다

모두가 나의 잘못

절대자의 관용을

바랄 수도 없는 지금

한 겨울을 속에서

다시 봄을 그리워한다

(반성)

손익을 늘 함께
고려해야 한다

이런 까닭에 지혜로운 장수는 이익과 손해를 함께 고려한다. 이익으로 인해 더욱 힘쓸 수 있으며, 해로움으로 인해 환란을 피할 수 있게 된다. 이런 까닭에 (적국의) 제후를 굴복시키려 하면 해로움을 알게 함으로써 하고, 제후를 분주하게 만드는 것은 일로써 하며 제후를 달리게 함은 이로써 유인함으로 한다.

是故智者之慮 必雜於利害 雜於利 而務可信也 雜於害 而患可解也 是故屈諸侯者 以害 役諸侯者以業 趨諸侯者以利

장수의 처신은 단순하지 않다. 모든 만사에는 손해와 이익이 개재되어 있다. 당장의 손해되는 일이라고 하더라도 종국에 가서는 손해가 아닌 경우가 있다. 손해에 대비해서 나아가게 될 경우 더 큰 이익과 발전이 있을 수도 있기 때문이다. 또한 이익이 되는 일에도 어느 정도의 손실되는 부분이 있다. 하지만 더 큰 이익을 생각해서 달게 그것을 감수해야 한다. 이 모든 것을 함께 고려할 줄 아는 지혜가 필요하다. 그래서 장수의 생각은 늘 깊을 수밖에 없다.

자만은 금물
만반의 태세를 갖추라

그러므로 전쟁을 하는 법은 적이 오지 않을 것을 믿지 말고 내가 만반
의 준비를 갖추고 기다려야 함을 믿으며 적이 공격해 오지 않을 것을
믿지 말고 적이 공격하지 못할 태세를 내가 갖추고 있어야 함을 믿어야
한다.

故用兵之法 無恃其不來 恃吾有以待也 無恃其不攻 恃吾有所不可攻也

이 규칙은 아군이 평소 가져야 할 자세를 언급한 것이다. 전쟁을 염
두해 둘 때 중요한 사항은 자만하지 않는다는 것이다. 적이 오지 않으
리라 생각을 해서는 안 된다. 적이 언제오더라도 맞서 싸울 준비가 되
어 있어야 한다. 아울러 적이 공격하지 않으리라 믿어서는 안 되며 적
이 공격하지 못할 방어준비를 하고 있어야 하는 것이다. 자신을 너무
과신해서는 안 되며 상대를 너무 쉽게 여겨서도 안 된다. 교만은 패배
의 첫걸음이다.

자만하지 않으려면 어떡해야 할까. 그렇게 하려면 오늘 내가 처한 상
황을 불평하지 말아야 한다. 불평 대신 범사에 감사함으로 내일을 준비
해 나간다면 그 길이 만사가 형통할 것이다.

어머니를 떠나보내면서 나는 알았다

나의 못나고도 시시한 일상이

어머니가 그토록 살고 싶어 한 천국이었음을

김장을 하거나 빨래를 하는 일이

밥을 지어 식솔들을 불러 모으는 일이

아, 없는 살림을 쪼개며 가슴 졸이는 일이

얼마나 설레고 눈부신 일인지를 알았다

기적은 달리 존재하는 것이 아니었다

눈 뜨면 볼 수 있는 신거루 같은 것

감사하는 그곳이 늘 기적의 서식처였다

힘이 없거나 가난하다고 느낄수록

절망 대신 감사를 한 번 힘껏 붙들어 보라

(감사)

다섯 가지 위험을
경계하라 五危

그러므로 장수에게는 다섯 가지의 위험이 있다. 필사적으로 싸우면 죽게 되고 살려고 하고 싸우면 포로가 되며 화를 급히 내면 모욕을 당하게 되고 청렴결백하면 치욕을 당할 수 있으며 병사를 사랑하게 되면 번민하게 된다. 무릇 이 다섯 가지는 장수의 잘못이며 용병에 있어 재난이다. 전쟁에 패하고 장수가 죽는 것은 반드시 이 5가지 위험이 있어 그런 것이니 잘 살펴야 한다.

故將有五危 必死可殺也 必生可虜也 忿速可侮也 廉潔可辱也 愛民可煩也 凡此五者 將之過也 用兵之災也 覆軍殺將 必以五危 不可不察也

다섯 가지의 위험이란 장수가 결사적으로 싸우면 죽으며 살고자 하면 포로가 되고 성을 잘 내면 모욕을 당하게 되고 지나치게 결백하면 욕되며 도가 넘게 병사를 사랑하면 번민에 빠지는 것이다. 장수가 용병에 있어서 주의해야 할 이러한 5가지 사항을 오위 五危라고 하는데 장수가 전쟁에서 패하고 죽는 것은 이 오위 五危의 잘못을 범하기 때문이다. 따라서 항상 오위 五危를 범하지 않으면 목숨을 보전하고 전쟁에서 승리하게 된다. 하지만 장수도 인간인지라 이러한 위험으로부터 벗어나서 계율에 따라 산다는 것이 쉽지 않다.

범부의 삶도 마찬가지다. 일상에서 하지 말아야 할 것과 응당 해야 할 것을 가려서 살아가야 하지만 뜻하지 않게 엉뚱한 길로 들어서서 자신을 스스로 힘들게 만드는 경우가 있다. 개인의 삶이 힘들어지는 것은 누가 그 사람을 위해 특별하게 힘든 상황을 만들어서 그런 것이 아니다. 세상이 나를 지목하여 어렵게 하는 것은 더욱 아니다. 모든 것은 자신이 선택한 결과다.

잠시 멈춤

세상을 너무 쉽게 살아왔다
사람들이 한치 앞을 나가기 위하여
이리재고 저리재고 할 때에
겁도 없이 뛰다가 쓰러진다
소중한 것들을 위해서는
대가를 치를 줄 알아야했고
절제를 배웠어야만 했었다
세상 하나 허투른 법이 없는데
쉽게 요행과 기적을 바라며
바람처럼 떠돌지 말았어야만 했다
사람은 성실하고 정직해야 하며
정의로워야 한다는 진부한 말을
그대로 믿고 따랐어야만 했다
(다시 반성)

제 9 장

행군편
行軍篇

—

기본에 충실하라

군의 주둔과 적정의 정탐을 주요 내용으로 하고 있다.
군이 주둔할 경우 산, 물, 평지, 늪지에서의 주둔 시 주의할 점과 적정을
정탐함에 있어 33가지의 정탐방법도 나온다. 마지막으로 군법에 관한 사
항도 언급하고 있는데 명령은 문과 덕으로 하고, 군대의 기강은 무위로
한다는 내용을 담고 있다.

생명 있는 존재는 부단히 주변의 환경과 싸우며
적응해 가는 과정이 숙명이다.
이를 두려워해서는 안 된다.
삶에서 나타나는 문제들을 하나씩 해결해 가는 과정이 바로
우리들의 인생이며 그래서 인생은 재미가 있고 살만한 것이다.

4가지 지형에서의
행군 수칙

군을 주둔하고 정찰을 할 때 유의점은 다음과 같다. 산을 지날 때는 계곡을 의지해야 하고, 시야가 트인 높은 곳을 선호하며 높은 곳에 있는 적을 올라가서 싸워서는 안된다. 이것이 산지에서의 행군법이다. 물을 건너오면 필히 물에서 멀리 벗어나라. 적이 물을 건너오면 적을 물에서 만나 싸우지 마라. 적이 반을 건넜을 때 공격하는 것이 유리하다. 싸우고자 하면 물가에 붙어서 싸우지 마라. 시야가 트이고 높은 곳에 처하라. 물길에서 적을 만나면 싸우지 마라. 이것이 물가에서 싸우는 법이다. 늪지대를 건널 때는 빠르게 건너가고 머물지 말라. 만일 늪지대 가운데서 적을 만나거든 수초에 의지하고 숲을 등 뒤에 두라. 이것이 늪지대에서의 행군법이다. 평지에서는 편리한 곳에 진을 치고 우측 편과 뒤쪽은 높은 곳을 등지게 함으로써 앞은 사지가 되고 뒤쪽은 생지가 된다. 이것이 평지에서의 행군법이다. 무릇 이 4가지의 이로운 점이 황제가 사방의 네 제후들을 이긴 까닭이다.

孫子曰 凡處軍相敵 絶山依谷 視生處高 戰隆無登 此處山之軍也 絶水必遠水 客絶水而來 勿迎之於水內 令半濟而擊之利 欲戰者 無附於水而迎客 視生處高 無迎水流 此處水上之軍也 絶斥澤 惟亟去無留 若交軍於斥澤之中 必依水草 而背衆樹 此處斥澤之軍也 平陸處易 而右背高 前死後生 此處平陸之軍也 凡此四軍之利 黃帝之所以勝四帝也

군대가 주둔과 정찰을 함에 있어 유의할 점이 많다. 산을 지날 때에는 계곡을 타는 것이 거리상으로나 은폐, 엄폐에 좋으며 올라가서 주둔하기에는 높고 시야가 트인 곳이 좋다. 물을 건넌 경우에는 신속히 빠져 나가야 행군이 원활할 뿐 아니라 범람의 위험을 피할 수 있다. 적이 강을 건너올 때 물가에서 싸우면 아군의 피해도 많으므로 적이 어느 정도 건너와서 병력이 양분되었을 때 공격하는 것이 좋다.

하류에서 상류의 적을 상대할 경우 홍수로 인한 물 폭탄의 위험이 있으므로 가급적 피한다. 늪지대에서는 빨리 통과하고 오래 머물러서는 안 되며 부득할 경우에는 앞은 수초로 은폐된 곳이 좋고 숲을 뒤로 등져야 한다. 평지에서는 평탄한 곳이 좋으며 고지가 오른쪽과 뒤쪽에 있으면 방어에 유리하다. 이러한 유리함이 황제가 많은 주변국 제후들과 싸워 이긴 이유다.

가정이나 직장과 같은 일상에서도 늘 평지에만 처하는 것이 아니다. 상황에 따라서는 물가의 위험을 당할 수도 있고 늪지에 빠져 허우적거리며 살아야 할 때도 있다. 이러한 경우 각 상황에 따라서 옳게 처신하는 방법을 강구하여야 한다. 하늘에서 해결 방법이 뚝 하고 떨어지지 않는다. 결국은 당사자인 본인이 해결해야 할 부분이다. 그러자면 어려운 현재의 처지를 잘 살펴보고 궁리를 하면 분명 해결 방법이 있기 마련이다. 그 대처 방안에 따라서 지혜롭게 행동하여 난관을 기회로 바꾸는 것이 관건이다. 생명 있는 존재는 부단히 주변의 환경과 싸우며 적응해 가는 과정이 숙명이다. 이를 두려워해서는 안 된다. 삶에서 나타나는 문제들을 하나씩 해결해 가는 과정이 바로 우리들의 인생이며 그래서 인생은 재미가 있고 살만한 것이다.

잠시 멈춤

산을 오르는 것이다
다리를 절뚝거리며
봉우리를 넘는 것이다

파도를 넘는 일이다
숨, 쉴 겨를도 없이 돌아서면
달려드는 파도, 파도를

때로는 말도 아닌 말을 들어도
그 자를 위하여 기도하며
눈물의 날을 보내는 것이다
(산다는 것)

높고 양지바른
곳이 좋다

무릇 군은 고지가 좋고 저지는 안 좋으며 양지쪽이 좋고 음지는 안 좋다. 양생을 중시하며 좋은 환경에 처하면 군에는 백가지 질병이 없어져 필승에 이르게 된다. 구릉과 제방에서는 필히 양지 바른쪽에 진을 치고 그것들이 우측 편과 배후에 위치하도록 한다. 이것이 전투에 유리하고 땅의 도움을 받는 것이다. 상류에 비가 와서 물거품이 떠내려 오면 물을 건너고자 하는 자는 잠잠하기를 기다려야 한다.

凡軍好高而惡下 貴陽而賤陰 養生而處實 軍無百疾 是謂必勝 丘陵堤防 必處其陽 而右背之 此兵之利 地之助也 上雨水沫至 欲涉者 待其定也

병력이 주둔을 하는 경우 습한 음지 보다는 바람의 소통이 양호한 양지를 택하는 것이 병사들의 건강에 좋다. 땅의 고저를 볼 때 저지보다는 고지가 시야확보 통풍, 채광 등을 위해서 좋다. 그래서 무릇 행군을 할 때는 고지가 좋고 저지는 안 좋다凡軍好高而惡下는 것이다.

위무제주손자魏武帝註孫子에는 좋을 호好를 사용했지만 십가주손자十家註孫子에서는 기쁠 희喜 자를 사용한 것인데 군사들은 높은 곳을 좋아하는 것을 넘어 즐거워 한다는 뜻이라 할 수 있다.

구릉과 제방의 경우 양지바른 쪽에 진을 치되 우측에 위치하도록 하는 것이 지형에 따른 방어에 도움이 된다. 강이나 하천 등 물가를 지나야 하는 경우 거품이 일어나는 것은 물의 흐름이 강한 것이니 잠잠해지기를 기다렸다가 건너야 한다.

누구나 양지를 희망한다. 음지보다 양지가 좋다. 하지만 약한 자가 양지에만 처할 수는 없다. 양지는 강한 자의 자리다. 약한 자는 음지의 추운 곳에 나가 한동안 떨어야 한다.

음지의 한데에서 무작정 떨고만 있어서도 안 된다. 양지로 나가기 위해 부단히 발버둥을 쳐야 한다. 누구든 커지고 강성해지기 위해서는 이런 과정이 필요하다. 한데 나가 떨어야 하는 것은 성공을 위한 필수적인 과정이다. 그런 과정을 충실하게 거친 후에 행운처럼 성공이 다가오는 것이다.

못난 놈이 생을 지탱하기 위해서는
얼마나 많은 눈물을 삼켜야하는지 모른다
밤새 내린 폭설에 온 몸을 떨다가
날이 밝아 환하게 웃으며 흔들리는
길가에 핀 저 들꽃을 보아라
따라지들이 쓰러지자 않기 위해서
얼마나 한데서 떨어야 하는치 모른다
물살을 거슬러 올라가는 연어들처럼
나는 지금 산성山城을 향해 달려간다
사백여년 전 임란 때 행주에서는
피비린내 나는 전투가 있었다
살아남기 위한 그날의 절박함과
오늘의 이 쓸쓸함이 대체 뭐가 다른가
한 송이 꽃도 그저 피고 지지 않는다
오늘 전장戰場을 살아내는 사람들의
투혼이 눈부시도록 아름답다

(행주 가는 길)

피하거나
조심해야 할 행군지

무릇 지형의 종류에는 절간絕澗, 천정天井, 천뢰天牢, 천라天羅, 천함天陷, 천극天隙이 있는데 가까이 가지 말아야 한다. 아군은 이것을 멀리 두고 적은 가까이 두여야 하며 아군은 맞이하게 하고 적은 배후에 그것들을 등지도록 해야 한다. 주둔지 주변에 험조險阻, 장황蔣潢, 가위葭葦, 산림山林, 예회翳薈가 있을 경우 필히 반복해서 수색해야 한다. 이것은 복병이 있을 곳이기 때문이다.

凡地有絕澗天井天牢天羅天陷天隙 必亟去之 勿近也 吾遠之敵近之 吾迎之敵背之 軍旁有險阻蔣潢井生葭葦山林翳薈 必謹覆索之 此伏姦之所藏處也

피하거나 조심해야 할 행군지로서는 크게 두 가지로 대별된다. 그 첫째는 낮고 습한 곳이다. 지형의 이점을 누리려면 높고 양지바른 쪽이어야 하는데 그렇지 못한 곳은 피해야 마땅하다. 예를 들어 보면 깎아지른 절벽사이를 뜻하는 절간絕澗의 경우 시야가 가릴 뿐 아니라 빠져 나올 수도 없어 잘못하면 병사들을 다 잃을 수 있고, 천정天井과 같이 우물같이 파인 분지에서는 물이 괴일 수 있으며, 험준한 가운데 좁은 곳인 천뢰天牢는 감옥과 같으며, 천라天羅에서는 짐승을 잡는 그물처럼 숲이 우거진 곳에서는 갇히기 쉬워 거동하기 불편하고, 천함天陷의 늪지대는 함정에 빠지기 쉬우며, 갈라진 틈을 뜻하는 천극天隙 역시 거동이 불편한 뿐 아니라 다칠 위험이 있다.

그리고 두 번째 로는 매복과 함정의 위험이 도사리고 있는 곳은 피해야하는 것이다. 험준한 산과 같은 험조險阻, 수초에 물웅덩이가 있는 황정蔣潢, 갈대밭인 가위葭葦, 나무가 우거진 산림山林, 초목이 무성한 예회翳薈가 있을 경우 필히 반복해서 살펴 조심해야 한다.

앞서 본 것처럼 전지에서 행군을 할 경우 빨리 피하거나 조심해야 할 지형들을 언급한 것이다. 인생의 행군에 있어서도 절간, 천정, 천뢰, 천라, 천함, 천극의 위험과 험조, 장황, 가위, 산림, 예회의 함정들이 도사리고 있다.

매 하루를 지내는 것이 곡예이며 일과를 마치고 집으로 돌아 올 때나 잠에서 깨어 다시 출근하기 위해 길에 나섰을 때 자기도 모르게 입에서 감사하다는 말이 저절로 새어 나온다. 이 광대한 우주를 볼 때 지극히 보잘 것 없는 것이 인간이며 슬프게도 인간에게는 존재할 수 있는 정해진 기간이 있다.

인생이란 유한한 인간이 모질고 매서운 환경을 지나가기 위해서는 늘 조심하고 기도하면서 가야 할 길이다.

잠시 멈춤

어려운 사람을 이해할 수 있어
가난하게 사는 것이 감사하다
아픈 자의 고통을 알 수 있도록
앓는 동생을 주신 것도 감사 한다
사지 멀쩡하여 걸을 수 있어
건강한 몸 가진 것을 감사하고
많은 좌절을 겪어 오느라
실패가 두렵지 않게 되어 감사하다

나 보다 더 힘들게 추락한
이웃을 돌아보면서 감사하며
만나 이야기 나눌 수 있는
팔순의 노모가 있어 감사하다
넘어 질 것만 같은 예감으로
매번 계절을 넘어 오면서
아직 살아있는 오늘이 감사하다 (감사의 이유)

정탐을 통해
상대를 파악하라

적에게 접근해도 적이 가만히 있는 것은 험난한 지형을 믿고 있기 때문이다. 멀리 떨어져 있으면서도 도전하는 것은 아군의 진격을 바라는 것이다. 적이 평탄한 곳에 거하는 것은 이점이 있기 때문이다. 많은 나무들이 움직인다는 것은 적이 온다는 것이다. 수풀에 장애물이 많은 것은 의심스러운 것이다. 새가 날아오르는 것은 복병이 있다는 것이요, 짐승이 놀라 뛰는 것은 기습을 하려는 것이다. 먼지가 높고 날카로이 일어나는 것은 적의 전차대가 오고 있다는 것이다. 먼지가 낮게 널리 깔리는 것은 적군의 보병이 오고 있는 것이다. 먼지가 흩어지고 가지처럼 오르는 것은 땔나무를 마련하기 때문이다. 작은 먼지가 왔다 갔다 하는 것은 진을 치려고 준비하기 때문이다.

敵近而靜者 恃其險也 遠而挑戰者 欲人之進也 其所居者易 利也 衆樹動者 來也 衆草多障者 疑也 鳥起者 伏也 獸駭者 覆也 塵高而銳者 車來也 卑而廣者 徒來也 散而條達者 樵採也 少而往來者 營軍也

전쟁에서 적정을 살피는 방법 중에 지형에 의지하는 것을 살펴보면 다음과 같다. 가까이 가도 개의치 않는 것은 험준한 지형을 믿는 것이고 먼 곳에 있으면서 도전하는 것은 유인하기 위함이요 평탄한 곳에 있는 것은 유리하다고 믿기 때문이다.

다음으로 초목이나 미물의 움직임을 유추하여 적정을 파악할 수 있는 것으로는 다음과 같다. 새가 날아오르는 것은 복병 때문이고, 짐승이 놀라 뛰는 것은 기습부대가 오기 때문이다. 먼지가 높이 기세 있게 오르는 것은 전차부대가 오기 때문이요 먼지가 낮고 넓게 깔리는 것은 적의 보병이 오고 있기 때문인 것이다.

이처럼 일상에서 일어나는 평범한 소재를 가지고 무엇을 관찰하고 전망하는 것은 중요하다. 비용을 많이 들여 굳이 경험을 하지 않는다고 하더라도 지형이나 사람, 미물, 장소나 상황을 유심히 관찰하여 거기에서 내가 할 바를 알아차린다고 하는 것이 지혜다. 금과 은과 무기를 구할 것이 아니라 돈 들이지도 않고 상대와 세상을 꿰뚫어 볼 수 있는 지혜를 가져야 한다. 이것이 금은 보다 중요하다.

관찰과 전망이 중요한 때는 잘 나갈 때뿐만 아니다. 성공으로 가는 길에는 세상 만물에 대한 관찰과 전망이 발전과 성공을 견인하겠지만 실패했을 때도 필요하다. 실패했다고 하여 모든 것을 내던지고 실의에 빠질 것이 아니다. 실패와 성공은 간발의 차이다. 실패에는 이미 성공이 들어가 있다. 실패의 현장으로 돌아가 유심히 관찰하여 성공으로 가는 단서를 발견하고 다시 도전해야 한다. 사람이 하지 말아야 할 것 가운데 하나는 포기다. 시련 앞에 좌절하지 않고 끊임없이 도전하는 그것만이 사람의 도리고 승리하는 자의 덕목이 될 것이다.

초봄에 세상을 열고난 후
사정없이 제 몸을 흔들어
꽃잎을 떨어내는 광기
다시 푸른 잎 산발하고
하늘을 향해 돌아 서 있는
너를 보면 가슴이 저며온다
여름밤 뜰에 나와 보면
버릴 때 사정없이 버리는 것도
영생하는 길임을
비로소 알게 된다.

(목련을 보며)

상대의 말과 행동에서
그들의 처지를 읽어라

말을 지나치게 저자세로 하면서 전비戰備를 더 하는 것은 진격하겠다는
의미이고, 말에 허세가 있고 강경하여 진격할 태세를 보이는 것은 퇴각
하겠다는 것이다. 전투용 수레가 앞으로 나와 있으면 진을 치겠다는 것
이고 약속이 없이 화의를 청하는 것은 음모를 갖고 있는 것이다. 분주
하게 병차를 진열하는 것은 전투를 벌일 기일을 잡은 것이다. 반은 공
격하고 반은 후퇴하는 것은 유인을 하려는 것이다. 지팡이에 의지하고
서 있는 것은 굶주린 것이고 물을 길어 급히 마시는 것은 목마른 것이
다. 이익을 보고도 나아오지 않는 것은 지쳐있다는 것이다. 새가 모여
드는 것은 적의 진영이 비어있다는 것이다. 밤에 소리를 지르는 것은
공포에 질려 있다는 것이다. 군이 소란스러운 것은 장수의 위엄이 없는
것이다. 적의 깃발이 어지럽게 움직이는 것은 혼란스럽다는 것이다. 상
관들이 병사들을 보고 소리를 지르는 것은 병사들이 게으르다는 것이
다. 말을 찢어 그 고기를 먹는 것은 식량이 떨어졌다는 것이다. 항아리
를 걸어 놓고 막사로 돌아가지 않는 것은 궁지에 몰렸다는 것이다.

辭卑而益備者 進也 辭詭而强進驅者 退也 輕車先出居其側者 陣也 無約而請和者
謀也 奔走而陳兵車者 期也 半進半退者 誘也 倚仗而立者 飢也 汲而先飲者 渴也
見利而不進者 勞也 鳥集者 虛也 夜呼者 恐也 軍擾者 將不重也 旌旗動者 亂也 吏
怒者 倦也 粟馬肉食 (軍無糧也) 懸瓴不返其舍者 窮寇也

상대를 살피는 중요한 근거가 되는 것 중의 하나가 그 사람의 말과 행동이다. 지나치게 겸손한 채 말을 하는 것은 준비를 철저히 해서 공격을 하겠다는 의미다. 거짓으로 강경하게 말하며 나오는 경우는 퇴각하겠다는 의미다.

전투용 수레가 나와 있는 것은 진을 치고자 함이요 서로 간에 소통이 없는 상태에서 화의를 요청하는 것은 모략 때문이다. 분주하게 쫓기 듯 전차대를 진열하는 것은 결전할 날을 잡았다는 것이며 공격하다가 후퇴하기를 반복하는 것은 아군을 유인하는 것이므로 경계해야 한다. 일일이 다 열거할 필요는 없다. 상대의 말과 행동에 그들이 처한 오늘의 처지를 엿볼 수 있다.

이중에서 말의 사용에 관해서는 좀 더 언급을 하고 싶다. 말은 존재의 집이라는 말이 있다. 말 속에 그 사람의 생각과 태도가 들어있다. 사람을 포함한 동물의 세계에서 상대를 위해주는 척하다가 돌변하여 상대를 잡아먹는 것들이 얼마나 많은지 모른다.

이런 까닭인지는 몰라도 사람의 말이 곧이곧대로 들리지 않는다. 더욱이 아첨하거나 형용사로 가득 찬 말에는 도무지 신뢰할 수가 없다. 차라리 말을 아끼는 것이 신뢰를 준다.

말은 중요하다. 잘못 발설하면 주어 담을 수도 없고 잘못하면 모든 것을 다 태운다. 소통의 중요성을 강조하지만 진정한 소통은 말로서 완성되지 않는다.

미사여구美辭麗句를 경계한다.

당신이 사용하는 말 중에서 형용사가 얼마나 많은지 한 번 세어

보라. 소통의 완성은 신뢰있는 행동에 있다.

일관성 있게 통솔하고
경계를 늦추지 말라

장수가 병사에게 거듭해서 간곡하게 이야기를 하는 것은 장수가 신뢰를 잃었기 때문이다. 상을 남발하는 것은 군색하기 때문이고, 먼저 화를 내고 나중에 가서 병사들을 두려워하는 것은 통솔을 못하는 것의 극치다. 적이 사신을 보내어 정중히 사과하는 것은 휴식을 원하기 때문이며, 적이 노하여 진격을 하여 대치하고도 오랫동안 싸움을 붙지 않거나 서로 떠나가지도 않는 것은 필히 주의해서 살필 일이다.

諄諄翕翕 徐言入入者 失衆也 屢賞者 窘也 數罰者 困也 先暴而後畏其衆者 不精之至也 來委謝者 欲休息也 兵怒而相迎 久而不合 又不相去 必謹察之

상대를 살피는 마지막 방법으로 사람의 심리, 태도와 같은 것을 통해 짐작할 수가 있다. 말을 간곡하게 반복함으로써 가르치려 드는 것은 장수에 대한 신뢰가 없어서이다. 무언의 가르침이 중요하다. 말로 가르치는 것은 아니지만 뼈 속 깊이 깨달음을 주어 스스로 깨닫고 행하도록 만드는 것이다. 선인들은 이런 가르침을 중시했다.

상은 좋은 것이지만 상대의 공적을 제대로 평가를 한 다음에 합당하게 상을 주어야 하는 어려움이 있다. 전쟁터에 나가면 병사들에게 희망을 주고 상을 내려 고무해야 하지만 너무 잦은 상으로 지휘자의 무능을 대신한다는 인상을 주어서는 곤란하다.

자주 화를 내고 겁을 주는 것은 통솔자의 능력이 없음이고 화를 낸 후 거꾸로 병사들의 반응에 두려워하는 것은 장수가 치밀하지 못해 책 잡힐 행동인 것이다.

장수가 병사들을 지휘 통솔할 때는 일관성 있게 하는 것이 중요하다. 사람의 본성은 거의 변하지 않는다. 일시적인 사과나 유화의 몸짓으로 사람의 마음이 변하기를 기대하는 것은 어리석다.

따라서 적이 보낸 사신의 지나친 사과는 휴식을 원함이고, 급하게 진 격을 해온 뒤 대치하거나 주둔하는 것은 필시 다른 계략이 있을 줄 모 르니 경계해야 한다.

숫자가 많은 것이
능사가 아니다

군대는 숫자가 많다고 유리한 것은 아니다. 오로지 힘으로 진군하지 말고 힘을 모으고 적의 실정을 헤아림으로써 적을 이길 뿐이다. 대저 아무 준비 없이 적을 쉽게 여기는 자는 반드시 적에게 사로잡히게 된다.

兵非益多也 惟無武進 足以併力料敵 取人而已 夫惟無慮而易敵者 必擒於人

군사들의 숫자가 많다고 좋은 것은 아니며 용병을 잘 하는 것이 중요하다. 힘을 믿고 무턱대고 진군하지 말고 힘을 모으고 상대의 상황을 적절히 파악하여 적을 상대해야 하는 것이다. 이런 대비책 없이 적을 업신여기는 것은 나중에 화를 자초하게 된다.

명령은 문덕으로
기강은 무위로 잡는다

병사들이 친해져서 따르기도 전에 벌을 주면 복종하지 않으며, 복종하지 않으면 부려 쓰기 어렵다. 병사가 이미 따르는데 벌이 제대로 시행되지 않으면 쓸모가 없다. 그러기에 명령은 문덕으로써 하고 무로써 통제를 하니 이를 반드시 승리하는 것이라 한다. 명령이 평시 잘 행해져서 그 백성들에게 교육된 경우 백성은 명령에 잘 따르지만, 명령이 평시 잘 시행되지 않고 백성들에게 교육도 되어있지 않은 경우에는 백성들이 따르지 않는다. 명령을 평소 믿고 따르는 것으로 정착된 것은 백성과 더불어 뜻이 서로 맞기 때문이다.

卒未親附而罰之 則不服 不服則難用也 卒已親附而罰不行 則不可用也 故令之以文 齊之以武 是謂必取 令素行以教其民 則民服 令不素行以教其民 則民不服 令素信行著者 與衆相得也

군대의 기강을 바로 잡을 군법을 세우는 일은 먼저 병사들과 친밀해진 다음에 상과 벌을 엄격히 하여 법령을 일관되게 시행하는 일이다. 그러므로 병사들과 친해지기도 전에 벌부터 주면 반항심에 따르지 않게 되어 부리기가 어렵게 된다. 반대로 병사와 친해졌는데도 벌을 시행하지 않으면 쓸모없는 병사가 된다. 부하에 대한 명령은 문文과 덕德으로 하고 군사들의 기강을 바로잡는 것은 무武와 위력威力으로써 한다.

평소 법령이 잘 시행되었으면 교육이 잘 되어 전시에도 명령을 잘 따르게 될 것이고, 평소 시행이 잘 되지 않았으면 전쟁 중에도 잘 시행되리라 기대하는 것은 어렵다. 법령이 잘 시행되는 것은 백성과 법령이 서로 맞아 떨어지기 때문이다.

제 10 장

지형편
地形篇

환경과 때를 알면
성공한다

지형에 따른 전략과 병사의 심리적 요인을 다룬다. 지형을 아는 것은 통형·쾌형·지형·애형·험형·원형의 육지六地를 아는 것이고, 병사의 심리적 상태에 관한 것은 주병·이병·함병·붕병·난병·배병의 6패병六敗兵이 있다. 이편은 지형地形을 알고, 자기를 알고知己, 적을 알고知彼, 천시天時를 아는 것으로 구성되어 있다.

지난날의 되돌아보라 혹시 이유도 모르고
세상 사람들을 따라서 살아온 건 아닌지.
되짚어보면 남들이 다 가는 길, 쉬운 길, 빠른 길,
넓어 보이는 길을 따라 지금까지 왔다.
하지만 그 결과는 내가 바라던 길이 아니었고,
나를 위한 길도 아니었다.
이제는 그 반동으로 거꾸로 한 번 살아 보고 싶다.
늦었지만 지금부터라도 진정 내가 의지해야 할
도道를 따라 살고 싶다.

6가지의 지형에 따른
전투 법

손자가 이르기를 지형에는 통형通形, 괘형挂形, 지형支形, 애형隘形, 험형
險形, 원형遠形형이 있다.

孫子曰 地形 有通者 有挂者 有支者 有隘者 有險者 有遠者

6가지 땅의 모양이나 지세에 따라 장수가 전투를 수행해야 함을 언
급하고 있다. 제11편 구지에서도 땅에 관한 언급이 나오는데 이때는
주로 자국을 떠나서 타국으로 원정해 들어갔을 때 자국과의 거리와 적
국 내 침입해 들어간 정도에 따른 고려사항 그리고 주변 환경 등의 문
제를 다룬 것이다. 따라서 이곳에서처럼 땅모양이나 지세에 따른 전술
적인 대처방법을 강구하는 것과는 성격이 다르다.

아군이 갈수도 있고 적군이 올 수도 있는 곳이 통通이다. 통형通形에 있
어서는 높고 양지바른 곳에 진을 치고 양식 보급로를 확보하고 싸우면
전투에서 승리한다.
전진은 쉽고 후퇴는 어려운 곳이 괘挂다. 괘형挂形에서는 적의 방비가
없으면 나아가서 승리를 얻을 수 있고 만약 적이 만반의 준비를 하고
있을 경우에는 나아가도 승리를 얻기 어려우며 후퇴하기도 어렵기에
불리한 지형이다.

아군이 나아가도 불리하고 적군이 나와도 불리한 곳이 지支다. 지형支形은 비록 적이 이익으로 유인하여도 나아가서는 안 된다. 빠져나온 다음에 적이 반쯤 나왔을 데 공격하는 것이 유리하다.

길이 좁고 험한 곳이 애隘인데 애형隘形에서는 아군이 먼저 선점하고, 태세를 굳세게 하여 적을 기다려야 한다. 만약 적이 먼저 선점하고 있으면, 태세가 굳세면 가서 싸우지 말고 굳세지 않으면 쫓아가 싸워야 한다.

험형險形은 험한 관계로 아군이 먼저 선점하였으면 높고 양지바른 쪽에 거하여 적이 오기를 기다려야 한다. 만일 적이 먼저 그곳을 선점하였을 경우 아군은 그곳을 떠날 것이며 쫓아가 싸우지 말아야 한다.

원형遠形에서는 세력이 거의 비슷하다고 해도 싸움을 벌이기가 어렵고 싸워도 불리하다.

我可以往 彼可以來 曰通 通形者 先居高陽 利糧道以戰則利 可以往 難以返 曰掛 掛形者 敵無備 出而勝之 敵若有備 出而不勝 難以返不利 我出而不利 彼出而不利 曰支 支形者 敵雖利我 我無出也 引而去 令敵半出而擊之利 隘形者 我先居之 必盈之以待敵 若敵先居之 盈而勿從 不盈而從之 險形者 我先居之 必居高陽以待敵 若敵先居之 引而去之勿從也 遠形者 勢均難以挑戰 戰而不利

통형通形은 아군과 적군이 공히 나아갈 수 있는 곳이다. 먼저 높은 곳에 거하고 양지바르고 보급로가 확보가 잘 되어 있을 경우 싸움에 유리하다. 쾌掛는 막힘을 말하는데 쾌형掛形은 가기는 쉽지만 후퇴해 나오기가 어려운 곳이다. 적의 방비가 허술할 때는 나가 싸워도 좋으나, 방비가 견고할 경우 싸우다 돌아 나올 수가 없어 불리하다. 지支는 나아가기 어려워 아군이나 적군이 대치하는 것을 말하는데 지형支形은 강이나 습지 같은 곳으로 아군 적군 모두 불리한 곳이다.

적이 유인해도 나아가지 말며 적이 반쯤 나왔을 때 공격하면 좋다.

출구가 좁다는 의미의 애형隘形은 산과 절벽으로 둘러싸인 막히고 좁은 곳이다. 아군의 선점 시 방어를 굳건히 하면 유리하며 반대로 적이 선점하고 있을 경우에는 태세가 허술하면 공격하고 태세가 굳건하면 싸우지 말아야 한다.

높낮이가 분명한 험형險形은 지형이 험하고 도로가 갖추어져 있지 않는 곳이므로 아군의 선점 시 높고 양지바른 곳을 택하여 방어를 굳건히 해야 하며 적군이 선점하고 있을 경우 철수하는 것이 좋다. 거리가 멀다는 뜻의 원형遠形은 상호 멀리 떨어져 있어 지리적인 이점이 비슷한 것이다. 거리가 먼 관계로 싸워도 실익이 없는 경우가 많다.

> 대저 이 육형이 땅에서 싸우는 방법은 장군의 지극한 임무여서 살피지
> 않으면 안 된다.
> 凡此六者 地之道也 將之至任 不可不察也

6형의 땅을 잘 살펴 거기에 맞는 대처를 하는 것은 장수의 지극한 임무다. 전쟁 수행 중 지형支形에 정통하다는 것은 전쟁을 수행하는 장수의 능력이다. 전쟁에 나가서 의지할 것은 결국 장수의 실력밖에 없다. 어떤 명예나 권세도 도움이 되지 않는다. 이를 위해선 지형支形을 살피는 노력과 많은 실전 경험이 필요하다. 그렇게 될 때 그 장수는 사람들이 객관적으로 인정하는 실력자 된다. 살다보면 사람들은 자신의 삶에 대해 평가를 받게 되는 때가 있다.

나의 실력에 기초하지 않은 남의 도움은
일회용에 불과하다.
마지막 순간 결국 믿을 수 있는 것은
자신에게서 스스로 길러진 실력밖에 없다.

패배의 6가지
유형

그래서 주走, 이弛, 함陷, 붕崩, 난亂, 배北가 있다. 무릇 이 6가지는 천재의 재앙이기 보다는 장수의 잘못으로 말미암는 것이다.

故兵有走者 有弛者 有陷者 有崩者 有亂者 有北者 凡此六者 非天之災 將之過也

이른바 6패병에 관한 설명 부분이다. 6가지 패하는 군대는 지휘 잘 못走·北, 관리 잘못弛·陷, 진형이 무너지는崩·亂 것으로 말미암고 이 모든 것은 장수에게 책임이 있다는 것이다.

군에서도 도망치는 자走兵가 있고 해이한 자弛兵가 있고 결함이 있는 자陷兵가 있고 무너지는 자崩兵가 있고 혼란에 빠지는 자陷兵가 있으며 패배하는 자北兵가 있다. 이렇게 되면 전쟁에서 패배하게 되는데 이것은 병사들을 잘못 교육시킨 장수의 과오다. 장수는 부하들을 잘 교육시키고 전쟁에서 올바른 처신을 하도록 하는 것이다. 책임이라는 것은 모든 인간에게 있어 전부라고 말해도 좋다. 짐승이 아닌, 인간은 자기와 누군가를 위해 책임지는 존재다. 인간이 가지고 있는 모든 책임감은 숭고하다.

아군과 적군 간에 지세의 이점이 비슷한데도 일로서 십을 치는 것을 주
走라고 하고, 병사가 강한데 장교가 약한 것은 해이弛하다고 하는 것이
며, 장교는 강한데 병이 약한 것을 무너진다陷고 하는 것이다.
夫勢均 以一擊十日走 卒强吏弱曰弛 吏强卒弱曰陷

지형상의 이점이 비슷한데도 1의 병력으로 10의 병력을 상대하면 달
아날 수밖에 없는데 이를 주병走兵이라하고 지휘 잘못에 기인한다. 병
사는 강한데 장교가 약한 것을 이병弛兵이라고 하고 반대로 장교가 강
한데 병사가 약한 것을 함병陷兵이라고 하며 이는 관리 잘못에서 비롯
된다.

아무리 강한 정신력을 가졌다고 하더라도 1의 병력으로 10의 병력
을 상대하는 것은 무리다. 목숨을 부지하기 위해서 당연히 도주할 것이
다. 병사가 강한데 장교가 약하면 병사들이 간부를 우습게 보고 마음이
해이해진다. 반대로 장교가 강한 반면 병사들이 약하다면 장교들의 지
휘를 감당할 수 없어 스스로 무너지게 될 것이다.

로마의 역사가 티투스 리비우스는 로마 강성의 이유를 용장의 덕으
로 돌렸다. 그리고 싸움에서 중요한 것은 재능보다도 먼저 사람의 태
도다. 사람의 용맹이나 기술의 좋고 나쁨 이전에 사람의 태도가 중요하
다. 훌륭한 장수라면 병사나 장교들의 싸움에 임하는 자세를 잘 교육하
게 될 것이다.

고급간부가 화를 내고 복종하지 않으며 적을 만나도 원망하며 멋대로
싸우며 장수가 장교의 능력을 알지 못하는 것을 무너진다崩고 하는 것
이다.
大吏怒而不服 遇敵懟而自戰 將不知其能 曰崩

고급 간부가 화를 내며 장수에게 복종하지 않고, 적을 만나더라도 멋대로 싸우며 장수 역시 이런 간부의 능력을 불신하게 되면 군 조직은 붕괴되는 것이므로 이를 붕병崩兵이라고 하는데 진형이 무너진 것의 한 유형이다.

이유를 불문하고 군의 간부가 상관인 장수에게 화를 내고 복종을 하지 않는 것은 잘못이다. 이렇게 되면 군대 조직이 붕괴되는 것이므로 나라와 백성을 위하는 군대의 간부라면 스스로 간곡히 청하여 차라리 그곳을 떠나는 것이 조직을 위한 길이다.

장수가 완벽할 수는 없다. 그 밑에 있는 간부는 설령 장수가 자기 마음에 안 든다고 하더라도 대놓고 비판을 일삼고 불만을 표출해서는 안 된다. 남을 비판하는 것은 또 다른 비판을 불러오며, 비판이라는 것은 자신의 뜻을 관철하기 위한 합리화일 경우가 많다.

조직의 위계는 지켜져야 한다. 일상에서도 명령에 복종하도록 되어 있는 자가 임의로 개인적인 행동을 일삼음으로서 조직의 명예를 실추시키고 조직에 해를 끼치는 일이 발생한다. 이것은 붕병崩兵으로 가는 첩경이다.

> 장수가 위엄이 없고 가르치는 것도 불명확하며 장교와 사병 간에 규율이 없고 병력을 펼치는 것이 종횡으로 혼란스러운 것을 어지럽다亂라고 하는 것이다.
>
> 將弱不嚴 教道不明 吏卒無常 陳兵縱橫 曰亂

장수가 위엄이 없고, 가르치는 것이 불명확하여 장교와 사병 사이에 규율이 없으며 진을 펼치는 것이 가로 세로 어지러운 것을 난병亂兵이라고 한다. 장수는 위엄이 있어야 한다. 장수가 위엄을 유지하기 위해서 엄하게 부하들을 다스리는 것이 좋은가 아니면 부드럽게 다스리는 것이 좋은가에 대해서는 여러 가지 의견이 있다. 장수가 위엄을 유지하기 위해서는 좀 인색하게 구는 것이 좋을 것이다. 그것이 길게 놓고 볼 때 자신과 다른 사람을 어렵게 만들지 않는다.

사람이 좋으면 그 고마움을 모르고 도리어 그 사람을 해치는 경우가 있다. 당장에는 병사들이 힘이 들어 할지 몰라도 쉽게 대하지 못하도록 해야 한다. 장수가 경계해야 할 일 중의 하나가 바로 부하들로부터 얕잡아 보이는 것이다. 엄하고 인색하게 하라고 해서 병사들의 마음에 미움을 사거나 증오를 심도록 하라는 말은 아니다.

> 장수가 적의 정세를 잘 알지 못하여 적은 군사들로 큰 군사를 맞서 싸우며, 약한 병력으로 강한 적을 맞서 싸우며 군대에 선봉으로 세울 자가 없어 패北하는 경우를 배北 라고 한다. 무릇 이 여섯 가지는 패배하는 길인데 장군에게 맡겨진 중대한 임무이니 잘 살피지 않으면 안 된다.
> 將不能料敵 以少合衆 以弱擊强 兵無選鋒 曰北 凡此六者 敗之道也 將之至任 不可不察也

장수의 능력이 부족하여 소수로 하여금 적의 다수를 상대하게 하거나 약병으로 강병을 맞게 하거나 정예부대를 세워 선발대를 내보내지 못하는 것을 배병北兵이라고 한다. 이는 지휘관의 지휘 잘못으로 기인한다.

이와 같이 전쟁에서 패하게 되는 원인인 주병走兵, 이병弛兵, 함병陷兵, 붕병崩兵, 난병亂兵, 배병北兵의 6가지 패병敗兵은 천재지변으로 인한 것이 아니라, 장수의 잘못으로 인한 것이므로 평소 잘 살펴야 한다.

사방 천지에 길이 나 있다

뱃길과 철길

고속도로와 지하철까지

지상에 있는 모든 것들에겐

가야할 길이 있다

미물들은 배우지 않고서도

모두 제 갈 길을 간다

생명이면서도

온갖 길을 만들었으면서

갈 길 몰라 헤매는 것은

오직 사람뿐이다

(사람뿐이다)

오직 전쟁의 도^道만
따를 것이라

대저 지형은 전쟁을 도와주는 것이다. 적을 헤아려 승리를 만들어 내는 것과 지형의 험함과 좁음과 먼 것과 가까운 것을 헤아리는 것은 상장군의 도리다. 이것을 알고 싸우는 경우에는 필히 승리하고 이것을 모르고 싸우는 자는 필히 패한다. 그런고로 전쟁의 도리상 필승이라면 임금이 싸우지 말라고 해도 필히 싸워야 하고, 전쟁의 도리를 보아 이기지 못할 싸움이라면 임금이 반드시 나가서 싸우라고 해도 싸우지 않는 것이 옳다. 나아감에 있어 자신의 명예를 구하지 아니하고 후퇴에 따른 죄를 두려워하지 않는 것은 오직 백성을 보호하고 임금을 이롭게 하는 것인데 국가의 보배가 아닐 수 없다.

夫地形者 兵之助也 料敵制勝 計險阨遠近 上將之道也 知此而用戰者必勝 不知此而用戰者 必敗 故戰道必勝 主曰無戰 必戰可也 戰道不勝 主曰必戰 無戰可也 故進不求名 退不避罪 惟民是保 而利合於主 國之寶也

적의 정세를 파악하고 지형이 좁고 험하고, 멀고 가까움에 따라 그 장단점을 잘 이해하고 싸우는 것은 승리를 위한 필수적인 용병술이다. 지형地形은 주된 병사를 위한 용병의 보조이므로 상장군은 유용하게 이용할 줄 알아야 한다. 상장군은 본래 상중하 3군의 장수가운데 상군上軍의 장수를 의미하나 여기서는 제일 높은 장수, 즉 삼군의 장수와 같은 의미로 사용된 것이다.

모든 만사에 도가 있듯이 전쟁에도 전도戰道가 있는데 싸움터에 나가는 장수는 오직 주된 용병의 하나인 병사와 보조적인 것에 해당하는 지형의 이점이라는 법칙에 따라 전쟁을 수행하여야 한다. 전쟁의 법칙에 어긋날 때는 임금이 나가서 싸우라고 하더라도 싸워서는 안 되며, 임금이 싸우지 말라고 해도 이길 수 있다면 나가서 싸워야 한다.

전쟁을 수행하는데 개인의 욕망이나 명예와 같은 것에 따라 출전해서는 안 되며 설령 후퇴에 따른 문책으로 중죄를 받게 된다고 하더라도 반드시 후퇴를 해야 하는 경우에는 후퇴를 해야 한다. 그러므로 전쟁은 임금의 눈치를 보고 하는 것이 아니라, 오직 전쟁의 법칙에 따라해야 한다.

'진불구명 퇴불피죄進不求名 退不避罪' 즉, 나아가나 헛된 이름을 구하지 않고, 물러서나 죄를 두려워하지 않는다는 말이 있다. 삶을 위한 좌우명으로 삼고 싶을 정도로 멋진 문구다. 지난날을 되돌아보면 이유도 모르고 세상 사람들을 따라서 살았다. 남들이 다 가는 길, 쉬운 길, 빠른 길, 넓어 보이는 길을 따라 지금까지 왔다. 하지만 그 결과는 내가 바라던 길이 아니었고, 나를 위한 길도 아니었다. 이제는 그 반동으로 거꾸로 한 번 살아 보고 싶다. 늦었지만 지금부터라도 진정 내가 의지해야 할 도道를 따라 살고 싶다.

출근길 문산 가는 전철이 들어 올 때
사람들을 따라 서울로 나갈 것이 아니라
문산으로 한번 달려가 보면 좋겠다
어둠이 내린 임진강 가를 서성이거나
할 일없이 시장 통을 떠돌아다니며
세월이 남긴 상처를 하나 둘씩 꺼내
허로 상처 난 환부를 핥아 주면 좋겠다
도시의 일상에 익명으로 살기보다는
내 이름 석 자를 이제는 불러주고 싶다
어둠이 잦아드는 샛강에 비치는 노을이며
변방의 낯선 바람에 몸을 맡기고 싶고
솟아오르는 해를 향해 달려 나가기보다
지는 해의 쓸쓸함에 함몰되어 보고 싶다
아무것도 아닌 것으로 판명된 지난날의
넋 나간 내 사랑과 운명이 미워서
이제는 거꾸로 한번 달려가 보고 싶다

(출근길에서)

병사를 사랑하되
버릇없이 만들지 마라

병사들 보기를 어린아이 보듯 하기에 깊은 계곡이라도 함께 갈수 있고
병사 보기를 사랑하는 자식 보듯이 하기에 함께 죽을 수도 있게 된다.
병사를 후대하여 부릴 수가 없고 애지중지하여 명령할 수도 없고 문란
하나 다스리지 못한다면 이는 버릇없는 자식과 같아서 쓸 수가 없게 된
다.

視卒如嬰兒 故可與之赴深谿. 視卒如愛子 故可與之俱死 厚而不能使 愛而不能令
亂而不能治 譬如驕子 不可用也

제1편 시계편에서도 전쟁 승리의 요건으로 오사칠계五事七計를 들면
서 7계 중의 하나로 사졸숙련士卒熟練을 언급한 바 있다. 병사들의 훈련
訓練 여부가 전쟁승리의 관건이라는 것이다. 병사에 관한 것은 그 만큼
중요하다. 전쟁에서 지형을 중시하는 것도 모두 용병을 위한 부수적인
것이고, 역시 주된 것은 병사의 훈련과 관리다.

병사들을 어린아이처럼 대하면 깊고 무서운 계곡도 함께 갈 수 있고,
자식 대하듯 여겨주면 생사를 함께 할 수도 있다. 병사들을 잘 대해준
다는 것이 잘못 지나쳐 명령을 내려도 듣지 않고, 문란하여 다스리지
못할 정도로 버릇이 없게 된다면 전쟁에 나가 아무 짝에도 쓸모가 없게

된다. 진정한 사랑에는 격려와 채찍이 함께 해야 한다. 사랑하는 자에게는 고생을 시키고 눈물 젖은 빵을 먹여야 한다. 병사건 자식이건 제대로 교육을 시킨 다는 일이 어렵다. 그래서 이전 우리 조상들은 제 자식을 기르는 일이 어려워 서로 자식들을 바꾸어 다른 집으로 보내어서 훈육을 받도록 했다. 사랑이 지나치면 자식을 망치는 것을 알기에 그런 교육방법까지 생각해낸 것이다.

나와 상대를 알며
천시와 지형을 알면 승리한다

아군이 공격할 수 있음을 알지만 적이 공격할 수 없음을 알지 못하면 싸워도 반만 이긴다. 적이 공격할 수 있으나, 우리 병사가 맞아 싸울 수 없다는 것을 모르면 싸워도 승리는 반반이다. 적이나 우리 병사 역시 공격할 수 있으나 지형으로 보아 싸울 수 없음을 알지 못하면 승률은 반반이다. 그런 까닭으로 전쟁을 아는 자는 출전하나 미혹되지 않고 전쟁을 벌이되 궁색함에 빠지지 않는다. 적을 알고 나를 알면 위태롭지 않아 승리에 이르고 하늘을 알고 땅을 알면 넉넉히 승리할 수 있게 된다.

知吾卒之可以擊 而不知敵之不可擊 勝之半也 知敵之可擊 而不知吾卒之不可以擊 勝之半也 知敵之可擊 知吾卒之可以擊 而不知地形之不可以戰 勝之半也 故知兵者 動而不迷 擧而不窮 故曰 知己知彼 勝乃不殆 知地知天 勝乃可全

승리하기 위한 요건은 무엇인가? 승리를 위해서는 4가지를 알아야 하는데四知 나를 알고知己 적을 알며知彼, 하늘을 알고知天 땅을 아는 것知地에 달려있다.

아군의 힘만 믿고 상대가 얼마나 굳게 지키는가 하는 것을 모르거나, 상대의 급소를 알아도 공격할 수 있는 나의 능력이 없으면 싸워도 승률은 반반이다. 또 더 나아가서 적을 칠 수 있는 나의 능력도 있고, 적을 칠 수 있는 상황이 되었다고 하더라도 지형地形으로 보아 싸울 수 없다는 것을 알지 못한다면 승리는 반반인 것이다. 그래서 전쟁에 능하다는 것은 나와 상대의 능력을 알고 있을 뿐만 아니라 지형이 주는 이점과 단점까지 다 알고 있어야 한다. 적을 알고 나를 알면 싸워도 위태롭지 않고 하늘의 때인 천시天時와 지형地形을 안다면 승리할 수 있다.

구체적으로 아는 것이 힘이다. 알아도 상세하게 알아야 하며, 지금
움직이고 있는 힘의 배후와 실체가 무엇인지를 정확히 알고 일관되게
대처해야 한다.

제 11 장

구지편
九地篇

—

본심을 최대한
숨겨야 한다

손자병법 13편 중 가장 긴 내용을 가진 편이다. 구지九地라 함은 산지散地, 경지輕地, 쟁지爭地, 교지交地, 구지衢地, 중지重地, 비지圮地, 위지圍地, 사지死地를 말한다. 자기 나라에서 싸우는가, 적국에서 싸우는가에 따라 손님과 주인의 입장이 되고 그 기준에 따라 분류했을 때 산지, 경지, 쟁지, 교지, 구지, 중지가 된다. 행군의 어려움에 따라 비지가 있으며 작전상의 어려움에 따라 위지, 사지로 분류한다. 주객主客에 따른 지형의 경우 이웃 나라로 들어가면 불안하므로 병사들을 사지로 몰아넣어 전력을 투구하도록 하며, 이러한 적지에서의 불안을 극복하기 위해 장수가 용병에 관해 병사들을 모르게 해야 한다고 한다. 즉 병사들을 어리석게 만들어 위험한 곳에 넣는 것을 우병역험遇兵役險이라고 한다.

고난은 삶을 기름지게 하는 거름이다.
사지의 고난 앞에 굴복하지 말고 고난의 의미를 읽어
삶의 에너지로 바꾸라.

9가지 지형에 따른 전술

손자 왈 지형에 따라 용병하는 방법이 있으니 산지, 경지, 쟁지, 교지, 구지, 중지, 비지, 위지, 사지가 그것이라.

孫子曰 用兵之法 有散地 有輕地 有爭地 有交地 有衢地 有重地 有圮地 有圍地 有死地

9가지의 지형에 대해 언급하고 있다. 주로 본토를 멀리 떠나 원정지로 들어갔을 때 전지戰地의 사정과 형편에 따른 작전법을 심리적인 면과 결부시켜 설명하고 있다. 9지九地의 지형이란 산지散地, 경지輕地, 쟁지爭地, 교지交地, 구지衢地, 중지重地, 비지圮地, 위지圍地, 사지死地를 말한다.

제후가 자기 땅에서 싸우는 것이 산지散地며 적의 땅에 들어갔으나 그렇게 깊게 들어가지 않았을 경우 경지輕地라 한다. 아군이 얻어도 유리하고 적군이 얻어도 역시 유리한 한 경우 쟁지爲爭라 한다.

諸侯自戰其地 爲散地 入人之地而不深者 爲輕地 我得亦利 彼得亦利者 爲爭地

자기 땅에서 싸우게 되면 마음이 해이해져 흩어진다散고 하여 산지라 한다. 본토를 떠나 남의 땅에 깊이 들어가지 않았을 경우를 경지輕地라고 한다. 이때는 국경선 부근에 있으므로 고향에 대한 그리움 등으로 심적인 동요가 생긴다. 원래 고국을 떠나 외국으로 여행하게 될 경우 느끼게 되는 향수 같은 것이 생기게 되는 것이다. 전략상의 요충지, 즉 아군이나 적군 어느 쪽이나 선점先占할 경우 승리할 수 있는 곳을 쟁지爭地라 한다.

> 두 나라가 맞닿은 곳이어서 아군이 갈 수도 있고 적군이 올 수도 있는 곳을 교지交地라 한다. 제후의 땅이 여러 나라와 접경하고 있어 먼저 점령하면 천하 만민을 얻는 곳을 구지衢地라 한다. 적국 땅 깊이 쳐 들어가 배후에 차지한 성읍이 많은 곳을 중지重地라 한다.
> 我可以往 彼可以來者 爲交地 諸侯之地三屬 先至而得天下之衆者 爲衢地 入人之地深 背城邑多者 爲重地

　교통의 요지로 아군과 적군이 다 올 수 있는 곳이 교지交地다. 이런 곳을 먼저 점령하면 방어 태세를 굳게 해야 한다. 다수의 국경선을 맞댄 곳으로 선점하면 천하를 얻을 수 있는 곳이 구지衢地다. 구지衢地의 경우 제3국과의 좋은 외교관계를 맺어야 한다. 적의 땅 깊숙이 들어가서 적국의 성읍들이 아군의 등 뒤에 있는 경우를 중지重地라 한다. 경지輕地와 대비되며 손쉽게 나올 수 없으나 현지에서 식량과 물자를 약탈하여 조달할 수 있다는 점에서는 유리한 면도 있다.

> 산림과 험한 곳과 습지와 못이 있어 행군하기 어려운 곳을 비지圮地라 한다. 들어갈 때는 좁고 돌아 나올 때는 우회해야 하며 적은 적의 병사로써 아군의 많은 병사를 칠 수 있는 곳을 위지圍地라 한다. 빨리 싸우면 살아남고 빨리 싸우지 않으면 죽을 수밖에 없는 곳을 사지死地라 한다.
> 行山林險阻沮澤 凡難行之道者 爲圮地 所由入者隘 所從歸者迂 彼寡可以擊吾之衆者 爲圍地 疾戰則存 不疾戰則亡者 爲死地

숲이 우거지고 길이 험하고 습지 등 물이 있어 행군하기 어려운 곳을 비지圮地라 한다. 魏武帝註孫子위무제주손자 처음 본에서는 범지氾地, 죽간본 에서는 범지泛地로 표기하기도 한다. 十家註孫子십가주손자 본에서는 비지圮地로 표기한다. 비지라는 것은 무너진다는 의미인데 움푹 패인 분지로 이런 곳은 가급적 빨리 벗어나야 한다.

들어가는 곳은 좁아 나올 수 없고 나오자면 빙 돌아야 하고 돌아 나오는 길은 멀어 그 속에 갇히기 쉬운 지형이 위지圍地다. 이런 곳에서는 소수의 적이 다수의 아군을 쉽게 상대할 수 있다. 이곳 역시 들어가지 말아야 하고 들어가면 계략을 펴서 빠져 나와야 한다. 사지死地는 앞은 적이 가로 막아 서고 뒤는 나갈 곳이 없이 갇힌 곳인데 속전을 치루면 살아나올 수 있고 오래 끌면 죽을 수밖에 없다. 이곳에서는 목숨을 걸고 싸워야 한다.

> 이런 까닭에 산지散地에서는 싸우지 말고, 경지輕地에서는 머무르지 말고, 쟁지爭地에서는 공격하지 말라. 교지交地에서는 고립되지 말며 구지衢地에서는 외교를 맺으라. 중지重地에서는 약탈을 할 것이며 비지圮地에서는 빨리 빠져 나가야 하며 위지圍地에서는 벗어날 계략을 써야 하고 사지死地에서는 싸워야 한다.
>
> 是故散地則無以戰 輕地則無止 爭地則無功 交地則無絶 衢地則合交 重地則掠 圮地則行 圍地則謀 死地則戰

삶에서는 고립을 경계해야 한다. 항상 주변 이웃과 지인들, 그리고 세상과 소통을 하면서 교류하는데서 삶의 길이 열리기 때문이다. 사람의 일은 사람을 만나야 풀리며 웅크리고 들어가서 자신의 세상에 갇혀 있을 때 모든 가능성은 닫히게 된다. 적의 깊숙한 곳에서는 약탈을 할 것이며 지나가기 힘이 드는 비지圮地에서는 그곳에 빠져서 허우적거릴 것이 아니라 신속히 빠져 나가는 결단을 내려야 한다.

주변으로부터 포위되었을 때는 계략이라도 꾸며 36계 줄행랑이라도 쳐야한다. 경우에 따라서는 자신을 사지死地에 몰아넣고 고군분투하여 새로운 삶을 열어 갈 때도 있어야 한다. 살면서 어려움에 처해지더라도 환경을 탓하지 말고 그 어려움에서 벗어나기 위해 노력할 때에만 우리의 삶은 희망이 있다.

당연한 말이다, 말도 아닌 말이다

사람은 꽃에 비할 바가 아니다

사람을 알면 꽃은 아무것도 아니다

가슴에 끝 모를 용기와 희망을 주고

나를 소리 내어 울게 만드는 것도

사람일 수밖에 없음을 알기에 그렇다

천사와 악마의 경계를 넘나드는

사람이라는 이름이 무섭기도 하지만

사람은 당연히 꽃보다 아름답다

한 사람을 만나 지옥 속에 있다가

또 다른 사람을 만나서는 천상을 거닌다

너와 내가 살아가는 이유가 되기도 하는

사람이라는 이름을 가진 악기여

사람은 꽃과는 비교할 수가 없다

사람은 정말 꽃 보다 아름답다

(사람은 꽃보다 아름답다)

고도의 심리전으로
상대를 흔들라

그런 까닭에 예로부터 전쟁에 능한 자는 적으로 하여금 전후부대가 서로 이르지 못하게 하고 많은 병력이 적은 병력을 지원하지 못하게 하고 장교와 병사가 서로 구원하지 못하게 하고 상하가 서로 돕지 못하게 하며 병사들을 흩어 모이지 못하게 하며 모이더라도 혼란스럽게 한다. 이익이 되면 움직이고 불리하면 멈춘다.

所謂古之善用兵者 能使敵人前後不相及 衆寡不相恃 貴賤不相救 上下不相扶 卒離而不集 兵合而不齊 合於利而動 不合於利而止

전쟁을 잘 하는 자는 고도의 심리전을 잘 수행한다. 적의 앞뒤의 부대가 상호 연락을 못하도록 하고, 대부대가 소부대를 지원하지 못하게 하며, 좌우가 서로 구원하지 못하도록 하며, 상하가 서로 협조하지 못하게 하며, 병사들이 모이지 못하게 하고 모여도 혼란스럽게 만든다. 유리할 때는 움직이고 불리하면 움직이지 않는다.

전쟁이라는 대사에 있어서 이런 심리전은 지엽적인 것으로 보일 수가 있겠다. 하지만 사소한 상대의 변화에도 놀라고 방비를 할 줄 알아야 이길 수 있다. 그것이 전쟁의 수행에 있어서 중요하며 인생의 성공에 있어서도 마찬가지다.

만일 적의 무리가 정돈하고 공격해 온다면 어떻게 하겠느냐고 묻는다면 먼저 적이 아끼는 것을 탈취하라고 말하고 싶다. 그러면 아군의 말을 들을 것이다. 전쟁의 핵심은 속전에 있으니 적군이 미치지 못할 틈을 타서 적이 뜻하지도 않는 길로 가며 경계하지 않는 곳을 치는 것이다.

敢問 敵衆整而將來 待之若何 曰 先奪其所愛則聽矣 兵之情主速 乘人之不及 由不虞之道 攻其所不戒也

적이 강하게 공격해 들어올 경우 적이 아끼는 것을 탈취한다면 전세를 역전시키는 상황을 만들 수도 있다. 적국의 중요한 인물을 인질로 삼거나, 무기고를 탈취하거나 보급로를 끊어 버리는 등의 조치를 생각해 볼 수 있다. 이럴 경우 적은 허를 찔리어 하는 수 없이 아군의 전략대로 끌려 다니게 된다. 또한 전쟁은 속전이 생명이니 상대가 방비하지 못하는 곳을 찾아 신속히 쳐서 미처 대비하지 못하게 해야 한다.

병사들을 사지死地로
몰아넣어 승리를 쟁취하라

무릇 적지에 들어가 싸우는 방법은 병사들을 적국 깊이 데리고 들어가 전쟁에 몰입하면 주인이 이기지 못한다. 풍요한 들판에서 약탈을 하면 삼군이 족히 먹을 수가 있다. 삼가 힘을 기르고 피곤하게 하게 하지 않으면 사기가 올라가고 힘이 쌓이며, 병사들을 운용하여 계교와 꾀를 짜내어 적이 예측할 수 없도록 만들고, 병사들을 오도 가도 못하는 곳으로 몰아넣으면 결사적으로 싸우고 도망치지 않는다.

凡爲客之道 深入則專 主人不克 掠於饒野 三軍足食 謹養而勿勞 併氣積力 運兵計謀 爲不可測 投之無所往 死且不北

아군이 객이 되어 적국으로 들어갔을 때의 용병을 언급하고 있다. 아군이 적지로 들어갔을 때에는 병사들을 데리고 적국 깊숙이 들어가서 전쟁에 몰입을 하면 병사들의 결속이 강해져서 적국은 자기네들 본토임에도 불구하고 이길 수가 없다.

적지의 풍요한 곡창에서 식량과 약탈해서 충당하면 본국에서 조달할 필요 없이도 전군을 배불리 먹을 수 있다. 이것은 제7편 군쟁軍爭편에서 나온 치기治氣, 치심治心, 치력治力을 말한다. 이때 병력을 잘 운용하여 계교를 부려 적이 예측할 수 없도록 공격을 하면서 병사들을 막다른 곳에 몰아넣으면 죽기를 각오하고 싸우게 된다.

죽게 되는데도 어찌 진력을 다하지 않겠는가. 병사는 깊은 함정에 빠지면 두려움이 없게 되고 빠져 나갈 곳이 없으면 단결하게 되고 적국 깊숙이 들어가면 얽매이게 되어 부득이 싸우게 될 수밖에 없게 된다. 그런 까닭에 병사들은 훈련을 받지 않고도 경계하게 되며 요구하지 않았는데도 일을 하며 약속을 하지 않아도 친해지며 명령하지 않아도 따르게 된다. 미신을 금하고 의심을 없애면 죽는다 해도 달아나지 않고 싸우게 된다.

死焉不得 士人盡力 兵士甚陷則不懼 無所往則固 深入則拘 不得已則鬪 是故其兵不修而戒 不求而得 不約而親 不令而信 禁祥去疑 至死無所之

위험에 처했을 때 일반적으로 가질 수 있는 병사의 심리를 말하고 있다. 병사들이 죽게 되면 만사가 다 끝이 나니 죽기를 각오하고 싸울 수밖에 없다. 궁지에 몰리게 되면 어쩔 수 없이 살기 위해 투지가 맹렬히 일어나는 것이다. 이렇게 되면 병사들은 훈련을 통한 지시 없이도 자동적으로 통제가 되며 구하지 않았는데도 얻으며 자연스럽게 친해지며 명령을 군이 내리지 않아도 명령에 따른다. 유언비어를 엄하게 금하고 의심을 몰아내어 병사들 사이에 신뢰를 심으면 도망하지 않고 끝까지 싸우게 된다.

마치 사지死地의 함정에 빠진 것처럼 절망적으로 보이는 때가 있다. 이때 삶으로부터 도망을 치거나 포기해서는 안 된다. 처음에는 당한 고난이 마치 피할 수 없는 불운처럼 보이지만 대응해 나가기에 따라 그 불운이 계속 끝까지 이어진다고는 볼 수 없기 때문이다. 불운에도 불구하고 역전을 할 수도 있으며 세상에는 기적이라는 것도 존재한다. 결국 자신이 끝까지 포기하지 않고 어떤 노력을 했느냐에 달려있다. 문제가 생겼을 때 그 해결방안 역시 장본인에게 있는 경우가 많다. 하늘은 사람이 감당하지 못할 시련을 주지 않는다고 했다. 그렇기 때문에 문제의 곁을 떠나 방황하지 말고 문제와 정면 대결하여 과감히 싸워야 한다.

> 나의 병사들이 재물에 대한 미련이 없는 것은 재물을 혐오하기 때문이 아니다. 목숨에 대한 미련이 없는 것은 목숨을 싫어하기 때문이 아니다. 전투 명령이 내리는 날에는 앉은 병사는 눈물이 옷깃을 적시고 누워있는 병사는 눈물이 턱으로 교차해 내리지만 갈 곳이 없는 곳으로 던져 졌기에 용맹스런 전제와 조귀의 용맹을 보이게 되는 것이다.
>
> 吾士無餘財 非惡貨也 無餘命 非惡壽也 令發之日 士卒坐者 涕霑襟 偃臥者 涕交頤 投之無所往者 諸劌之勇也

* 제귀諸劌 : 중국 고대의 전제專諸와 조귀曹劌를 말함. 전제는 오자서의 지시에 따라 손무가 섬긴 합려왕의 전왕인 요왕을 암살하였고, 조귀는 노나라 사람으로 장공을 섬겼다. 장작 전투에서 제나라를 무너뜨리는 등 뛰어난 용력을 지닌 명장으로 알려져 있다.

아군의 병사들이 재물에 대한 미련이 없는 것은 재물을 혐오하기 때문이 아니요, 목숨에 대한 미련을 버리는 것은 목숨을 아끼지 않기 때문이 아니다. 전투명령이 내려지는 날이면 앉아 있던 자는 눈물이 옷깃을 적시고, 누운 자는 눈물이 턱으로 흘러내리지만 어쩔 수 없이 목숨을 걸고 싸울 수밖에 없는 상황에 처하니 전제와 조귀의 용맹이 다시 살아나게 된다. 이들은 자신의 나라와 군주를 위해 자신의 목숨을 가벼이 여기고 충성을 바친 용맹스런 장수들이다.

출장을 핑계로 떠나온 서해바다
폭설에 갇혀 버린 만리포에서
대책 없이 바다만 바라 본다
세상은 온통 눈으로 파묻혀
이 소읍까지 달려왔던 길들과
다시 돌아가야 할 길들은
한치 앞도 보이지 않는다
떠나오면 아무것도 아닌 것
그렇고 그런 평범한 일상들인데
이렇게도 난장을 떨고 나서야
눈 떠지는 내 영혼이 부끄럽다
세상 어디에도 없을 방주를 찾아
얼마를 더 방황해야만 하는가
칼날 같은 파도를 입에 물고
살풀이춤을 추고 있는 겨울바다
이제 내 삶의 현장으로 돌아가리라
방주도 천국도 내가 모두 삼키고는
겨울 만리포, 이 무슨 청승인가
(겨울만리포)

궁하면 통하게 하라

그래서 전쟁을 잘하는 자는 솔연과 같다. 솔연은 상산에 있는 뱀이다. 그 머리를 공격하면 꼬리가 달려들고, 꼬리를 치면 머리가 달려든다. 그리고 그 중간을 치면 머리와 꼬리가 함께 달려든다. 감히 묻건대 군대로 하여금 솔연과 같이 용맹스럽게 만들 수 있는가 하고 물으면 가능하다고 말할 수 있다. 대저 오나라 병사는 원수인 월나라 병사와 더불어 서로 싫어하지만 한 배를 타고 바다를 건너가다가 바람을 만나게 될 경우 마치 한 사람의 좌수와 우수와 같이 서로를 구해서 살게 되는 이치와 같다.

故善用兵 譬如率然 率然者常山之蛇也 擊其首則尾至 擊其尾則首至 擊其中則首尾俱至 敢問 兵可使如率然乎 曰 可 夫吳人與越人相惡也 當其同舟而濟遇風 其相救也 如左右手

전쟁에 능한 장수는 솔연에 비유된다. 솔연은 중국 오악 중의 하나인 상산에 사는 전설의 뱀으로 용맹스러움의 대명사다. 솔연은 머리를 치면 꼬리로 덤벼들고, 꼬리를 치면 머리로 달려든다. 허리를 치면 머리와 꼬리가 함께 달려든다. 군대를 마치 솔연처럼 부릴 수 있어야 한다. 적지 깊숙이 들어가면 원수끼리도 서로 응원하듯이 병사들은 목숨을 걸고 스스로 자신을 돕는 솔연의 용맹을 발휘하게 된다.

말들을 달리지 못하게 묶어놓고 수레바퀴를 땅에 묻을 지라도 믿을 바가 못 된다. 병사들의 용기를 가지런히 만들어 하나 같이 하는 것은 군대를 다스리는 방법이요 강하게 공격하고 부드럽게 후퇴하는 것을 아는 것은 다 지형의 이치를 살리는 것이다. 그런 까닭에 전쟁을 잘 하는 장수는 손을 맞잡고 한 사람 부리듯 하는 것은 어쩔 수 없는 상황 때문이다.

是故方馬埋輪 未足恃也 齊勇若一 政之道也 剛柔皆得 地之理也 故善用兵者 携手若使 一人不得已也

병사들이 도망치지 못하게 말을 묶어두고, 수레바퀴를 땅에 묻어 결사항전을 약속한다고 하더라도 그 약속을 믿을 수 없다. 오직 믿을 수 있는 것은 병사들을 하나로 만들어 결사 항전하게 만드는 장수의 용병 기술이다. 강하게 공격하고 여유 있게 후퇴하는 것은 지형의 이치를 아는 까닭이다. 따라서 용병을 잘 하는 장수는 병사들의 손을 이끌되 마치 한 사람을 부리듯 하는 것은 그렇게 할 수 밖에 없는 상황을 만든 까닭이다.

장수는 남다른 면모를
가져야 한다

장수는 조용하면서도 그윽하게 움직이며 바르고 엄정한 규율로 다스려야 한다. 능히 병사들의 이목을 어리석게 만들어 아는 것을 없게 한다. 일을 바꾸고 계략을 변경하여 병사들이 알지 못하게 할뿐 아니라 주둔지를 바꾸고 행군지를 바꾸어 병사들이 생각하지도 못하게 한다.

將軍之事 靜以幽 政以治 能遇士卒之耳目 使之無知 易其事 革其謀 使人無識 易其居 迂其途 使人不得慮

장군이 부하를 움직일 때 어떻게 해야 하는가? 장수의 언행심사는 침착하고 사려가 깊어야 하며 엄정하고 공정한 규율로 병사를 다스려야 한다. 장수는 병사들의 눈과 귀를 어리석게 만들어 기밀사항을 눈치채어 새어 나가지 않도록 해야 한다.

일사분란하게 병사들을 움직이게 하기 위함이다. 그러기 위해서는 일과 계획을 수시로 변경한다. 예컨대 주둔지를 바꾸거나 행군지를 변경하여 아군 병사도 모르게 해야 한다. 병사들은 장수의 지휘에 순응하기보다 장수의 시책을 사전에 알고 판단하는 것은 전력의 손실을 가져온다.

장수와 병사가 함께 싸울 기약을 할 때에는 높은 곳에 올라가게 하고 그 사다리를 치우는 것 같이 한다. 장수와 더불어 적국 깊이 들어가 전투의 때가 오면 타고 온 배를 태우고 가마솥을 깨뜨리며 마치 양 무리를 몰듯하니 가고 오는 것을 알지 못하게 한다. 삼군의 병사를 취하여 위험한 곳에 몰아넣는 것이 장수가 해야 할 일이다. 구지의 변형과 움츠리고 펴는 것의 이점과 병사의 마음을 살피지 않을 수 없다.

帥與之期 如登高而去其梯 帥與之深入諸候之地 而發其機 焚舟破釜 若驅群羊 驅而來 莫知所之 聚三軍之衆 投之於險 此謂將軍之事也 九地之變 屈伸之利 人情之理 不可不察也

장수는 싸움의 기회가 오면 병사들을 높은 곳에 올라가 싸우게 하고 사다리를 치우며 타고 간 배를 태우고 밥솥을 깨어 부수며 일사분란하게 명령에 따르게 하는데 마치 양떼를 몰고 오가듯 한다. 양은 목자에 의지하지 않고서는 갈 바를 알지 못하는 동물이다.

모든 것을 전적으로 목자에게 의지할 때 생명을 유지해 나갈 수 있다. 장수는 전군全軍을 사지에 몰아넣어 결사항전을 하도록 만들어야 하며 구지의 형편을 살펴 공격과 후퇴의 이점을 취하며 병사의 심리 상태를 잘 살펴야 한다.

사지에서의 고난은 삶을 기름지게 하는 거름이다. 고난 앞에 굴복하지 말고 고난의 의미를 읽어 삶의 에너지로 바꾸어야 한다.

오늘만이 정녕 그대의 것이니

내일의 희망을 말하지 말라

그대의 출생과 그대의 결혼이

희망이 되지 못하는 오늘

내일은 더 나아질 것이라고

스스로 만홀히 여기지 말라

내일에는 오늘이 그리워지리니

내일은 내일에는 이라고 말하며

그대의 오늘을 위로하려 들지 말라

우리에겐 오직 오늘만 있나니

안고 뜨겁게 춤추어야 할 오늘이

내일은 쓸쓸한 내리막 길

그대 다시는 내일을 말하지 말라

(오늘)

원정지의 성격에 따른 싸움법

무릇 적지에 들어갔을 때에는 적국 깊이 들어가면 병사들은 전념하지만 깊게 들어가지 못하면 산만해진다. 나라를 떠나 국경을 넘어가서 군을 통수하면 절지絶地다. 사통팔달한 곳은 구지衢地다. 적국 깊숙이 들어간 곳은 중지重地다. 적국 깊이 들어가지 못한 곳은 경지輕地다. 뒤는 험하고 견고하며 앞이 좁은 곳을 위지圍地라 한다. 갈 곳이 없는 곳이 사지死地다.

凡爲客之道 深則專 淺則散 去國越境而師者 絶地也 四達者 衢地也 入深者 重地也 入淺者 輕地也 背固前隘者 圍地也 無所往者 死地也

다른 나라에 깊게 공격해 들어갔을 경우에는 단결하지만 얕게 들어가면 산만해 진다. 국경을 넘어 공격해 들어갔을 때 본국의 후방과 단절되어 있다는 의미로 절지絶地다. 네거리와 같이 여러 나라와 맞닿고 교통이 편리해 이곳을 얻으면 천하백성을 얻는다는 곳이 구지衢地며 적국 깊숙이 치고 들어가 차지한 성읍이 많은 경우가 중지重地고 깊이 들어가지 못한 곳이 경지輕地다. 들어가는 입구가 좁으며 나올 길이 없어 우회해야 하는 지형을 위지圍地라 하며 더 이상 도망칠 곳이 없어 싸울 수밖에 없는 곳이 사지死地다.

산지에서는 나는 장차 병사들의 뜻을 하나로 하고, 경지에서는 병사들을 긴밀하게 연결하며 쟁지에서는 그 후방을 공격해야 한다. 교지에서는 수비를 굳게 하고 구지에서는 다른 나라와의 동맹을 굳게 하며 중지에서는 식량을 계속 확보하고 비지에서는 빠르게 그 길을 벗어나고 위지에서는 빠져나갈 구멍을 막으며 사지에서는 살 수 없음을 보여야 한다. 그런고로 병사의 심리는 포위되면 방어하고 부득이 하면 싸우며 매우 위험하면 따르게 되어있다.

是故散地吾將一其志 輕地吾將使之屬 爭地吾將趨其後 交地吾將謹其守 衢地吾將固其結 重地吾將繼其食 圮地吾將進其塗 圍地吾將塞其闕 死地吾將示之以不活 故兵之情 圍則禦 不得已則鬪 過則從

원정지의 지형에 따른 전술의 상이함을 언급하고 있다. 마음이 흩어지기 쉬운 산지散地에서는 병사들의 마음을 하나로 묶는 일이 우선이고 적국 깊이 들어가지 않은 경지輕地에서는 소통을 원활히 해야 한다. 먼저 선점하면 승세를 잡게 되는 쟁지爭地는 정면을 공격하기 보다는 허술한 후방을 쳐서 교란시켜야 한다.

교지交地에서는 교통이 편리해 사방팔방 다 공격해 올 수 있으므로 수비에 치중하고 3국들과의 국경선을 맞대고 있는 구지衢地에서는 동맹을 맺는 일에 치중하며 깊게 들어간 중지重地에서는 식량과 군수물자를 약탈하여 현지 조달하며 행군이 어려운 비지圮地는 벗어나며 더 이상 피할 곳이 없는 사지死地에서는 결사 항전한다.

삶이라는 것도 위의 지형地形에서 보는 것처럼 가지 말아야 할 길과 가야할 길이 있고 해야 할 일과 하지 말아야 할 일이 있다. 그것의 조화를 잘 이루는 것이 인생 성공하는 비결이다. 하지만 우리는 과연 그러한가. 인간은 가지 말아야 할 길을 가지 말아야 함에도 불구하고 기웃거려 스스로 어려움에 처해지며 마땅히 가야할 길을 가지 않아서 성공에 멀어지게 된다. 사람의 이러한 언행심사 모든 것은 반드시 심판이 따르게 된다.

가지 말았어야만 했다

사명을 다한 것들을 그리워하지 말았어야 했다

하지만 사람들은 그 길을 끊임없이 넘보았고

신은 거기에 대해 언제나 심판을 내렸다

사람의 미세한 움직임 하나까지도

결국에는 그 분의 섭리 안에 있었다

사람이 명심해야 할 일은 그것이었다

하지만 사람들은 그 사실들을 까맣게 몰랐다

그것이 이 땅을 사는 존재의 비극이었고

신이 인간을 긍휼이 여기는 까닭이었다

(긍휼한 그대)

패왕의 군대는 스스로 강해진다

제후의 지략을 모르는 자는 외교를 맺을 수 없고 산림과 험난한 곳과 저택지의 지형을 알지 못하고는 행군을 할 수 없다. 현지인을 쓰지 않으면 지형의 이점을 얻을 수 없다. 구지 중에 하나라도 모른다면 패왕의 군대라고 할 수 없다.

是故不知諸侯之謀者 不能預交 不知山林險阻沮澤之形者 不能行軍 不用鄕導者
不能得地利 四五者 不知一 非覇王之兵也

강하면 동맹을 통해 좋은 친구들을 얻을 수 있겠으나, 힘이 약할 경우에는 동맹도 아무 소용이 없다. 더구나 상대의 의도를 모르고서는 동맹을 맺을 수 없다.

현지인을 부리지 않고서는 지형의 이점을 누릴 수 없다. 천하를 제패하는 왕의 군대는 구지九地에 정통할 때만 가능하다.

패왕의 군대가 다른 대국을 치면 그 대국은 미처 군대를 모으지 못하고, 적에게 위세를 가하면 그 나라와 외교를 맺을 수 없다. 그런 까닭에 외교 문제에 있어서도 다툴 필요가 없고, 천하의 패권을 가지기 위해 힘을 기를 필요도 없으며 자기의 사사로운 힘을 펼쳐 적에게 위험을 가하는 것이다. 그런 까닭에 적의 성을 허물 수 있으며 적을 함락시킬 수도 있다.

夫霸王之兵 伐大國 則其衆不得聚 威加於敵 則其交不得合 是故不爭天下之交 不
養天下之權 信己之私 威加於敵 故其城可拔 其國可隳

　패왕의 군대가 대국을 공격하면 그 대국은 용이하게 군사를 움직일
수 없어 신속히 대응하지 못한다. 뿐만 아니라 패왕의 군대가 공격하는
것이므로 적국의 주변국이 무서워 그 적국과는 외교를 맺을 수 없다.
말하자면 양공兩攻을 하는 것인데 이 경우 병사를 치기도 하지만 외교
관계의 고립을 유도하는 것이다.

　자칫 외교관계를 수립했다가는 패왕의 군대로부터 미움을 살 수 있
으므로 제3국은 신중하지 않을 수 없다. 따라서 패왕의 군대란 외교문
제로 다툼을 일으킬 것이 없고, 패왕이 되기 위해 힘을 기를 필요도 없
다. 자신의 뜻에 따라 힘을 펴서 원하는 대로 공격을 해서 적국의 성을
빼앗을 수도 있으며 적국을 망하게 할 수도 있다.

때로는 규정에도 없는 상을 베풀어라

법에도 없는 상을 베풀고 평상시와 다른 법령을 발하여 삼군의 병사를 움직이는 것을 마치 한 사람을 부리듯 할 수 있게 된다. 행동으로써 병사를 움직여야 하고 말로써 하지 말아야 하며 좋은 점만 이야기할 것이요, 해로운 것은 알리지 말아야 한다.

施無法之賞 縣無政之令 犯三軍之衆 若使一人 犯之以事 勿告以言 犯之以利 勿告以害

전쟁에 나가서는 파격적인 행보가 필요하다. 필요할 때는 포상 규정에도 없는 상을 베풀고 평시와 다른 법령을 공포 시행하여 이목을 집중시킨 후 전군을 마치 한 사람 부리듯 할 수 있다. 말로서 군사를 움직여서는 안 되고 일을 만들어 사람을 움직여야 한다. 좋은 전망을 제시하여 희망을 줄 것이며 나쁜 소식은 알리지 말아야 한다.

사람의 생명은 마음에 있다. 사람 마음먹기에 따라 생과 사가 갈리므로 사람의 마음은 중요하다. 군사들을 다룰 때는 말로써 할 것이 아니라, 일을 벌여 따르도록 유도한다. 말을 하더라도 희망적이고 건설적인 말로서 고무시켜야 한다.

나이 살이나 먹고

겪을 일 웬만큼 겪었으면

해서는 안 되는 말이 있다

아이 낳고 살아가며

몇 번 쓰러져도 보았으면

하지 말아야하는 행동이 있다

더운 밥 해 먹고

좋은 교육 다 받았으면서

절뚝거리는 소자의 환부에다

생 소금을 뿌려대지는 말았어야했다

그렇고 그런 일상에서

입술을 지켜 침묵하라

남의 잘못에 침묵하라

자신의 선행에도 침묵하라

위대한 세월이 지나면

시시한 날들을 심판하리라

그대 침묵하라 또 침묵하라

(그대 침묵하라)

사지死地는 승리를
위한 기회다

병사들을 죽음의 땅에 몰아넣은 연후에 존재를 기약할 수 있고, 사지에
빠진 연후에 살아 남을 수 있다. 대저 병사들은 위험에 빠진 연후에는
승패를 걸고 용감히 싸우게 되는 것이다.

投之亡地 然後存 陷之死地 然後生 夫衆陷於害 然後能爲勝敗

　사람의 심리라는 것이 죽을 곳에 던져 놓으면 목숨을 걸고 일전을 벌
여 승리하게 된다. 이순신은 명량해전에 나가기 전에 자신에게는 아직
13척의 배가 남아 있으며 살려고 하는 자는 죽을 것이요, 죽으려고 하
는 자는 살 것이라며 일사항전을 주문한 것과 같은 맥락이다. 살기 위
해 몸부림치는 생명 앞에서는 숭고하다는 생각이 먼저 든다. 생존은 윤
리 도덕에 선행하는 미美이고 인간 존재가 추구하는 최고의 가치다.
　자신의 처지가 사지死地임을 알고 그곳을 벗어나 생명을 이어가려고
발버둥 치는 몸부림은 차라리 아름답다. 성장과 소멸, 부흥과 쇄락, 사
랑과 증오, 진실과 거짓 등으로 직조된 세상에서 소멸, 쇄락, 증오, 거
짓의 자리에 처해 성장, 부흥, 사랑, 진실을 향해 몸부림치는 존재의 모
습이 눈물겹도록 따스하다.

그러므로 전쟁은 적의 뜻을 따르고 살펴서 적을 한 방향으로 몰아 갈수 있다면 천리 밖의 장수도 죽일 수 있느니라. 이를 일러서 교모하게 일을 성취한다고 하는 것이다.

故爲兵之事 在於順詳敵之意 幷適一向 千里殺將 此謂巧能成事者也

용병하는 일은 적의 의도에 따라 자연스럽게 순응하면서 은밀하게 적에게 다가가서 천리를 가서 몰아쳐 먼 곳의 장수를 죽이고 적국을 패하게 해야 한다.

전쟁의 날에는 관문을 통제하고 통행증을 없애고 그 사신을 통과 시키지 않고 낭묘에서는 회의를 열어 전쟁의 일을 주관할 책임자를 정하여야 한다. 적국이 관문을 열고 닫을 때 필히 빠르게 간첩을 들여보내서 먼저 적이 가장 아끼는 것을 은밀하게 기약하고 적군의 전세를 살펴 전투여부를 결정해야 한다.

是故政擧之日 夷關折符 無通其使 勵於廊廟之上 以誅其事 敵人開闔 必亟入之先 其所愛 微與之期 踐墨隨敵 以決戰事

*낭묘廊廟 : 임금이 나랏일을 의논하는 곳. 묘당廟堂.

전쟁이 벌어진 때에는 적국과의 관문을 막고 통행증을 폐기시킨 후 적의 사신의 왕래를 차단하고 조정에서 작전회의를 열어 전쟁을 수행할 책임자를 임명해야 한다. 적국이 관문을 봉쇄할 때 미리 간첩을 보내어 적이 가장 아끼는 것을 찾아내어 후일에 처리할 것을 기약해야 한다. 나아가 적군의 상황을 파악해서 전쟁을 치러야 할지의 여부를 결정한다. 이 역시 은밀한 가운데 속결로 처리하는데 생명이 있다.

처음에는 순진한 처녀처럼 조용하다가 적이 문을 열면 달아나는 토끼처럼 쫓아 적이 항거할 수 없도록 한다.

是故始如處女 敵人開戶 後如脫兎 敵不及拒

이 역시 순진한 처녀처럼 은밀하게 접근하고 달아나는 토끼처럼 돌발적으로 공격해야 함을 재미있는 비유를 들어 설명하고 있다. 전쟁 초기에는 순진한 처녀처럼 가만히 숨죽여 있다가 적이 방심하여 관문을 열면 달아나는 토끼를 쫓듯 달려 들어가 적이 항거할 겨를이 없도록 제압하여야 한다.

한계를 알고 난 후의 일상이 아름답다
시한부 환자의 남은 몇 달이 아름답고
파선에 오른 자들의 마지막이 아름답다
애써 흐린 초점을 모으는 그대의 눈빛과
간당거리는 그 떨림이 또한 아름답다

잠시 멈춤

이제 막 세상이 좋아지기 시작했건만
누릴 여력마저 없음을 알고 난 이후의
눈부신 봄날이 안타깝고도 야름답다
추위가 가신 찬바람을 맞는 일이 아름답고
흐드러진 길가의 꽃들이 아름답다.
쓰러지는 것들의 모든 날들이 아름답다

(세상의 아름다운 것들)

제 12 장

화공편
火攻篇

—

이롭지 않으면
움직이지 않아야 한다

불로써 하는 공격을 다룬 편이다. 손자병법 13편중 다른 편과 연관되어 있지 않는 독립적인 부분으로 분류할 수 있다. 예로부터 공격을 함에는 수공과 화공이 있었는데 화공이 훨씬 중요하고도 보편적인 공격방법으로 수공에 비해 많은 발전이 있었다. 하지만 화공은 기후에 의존해야 성공할 수 있는 것이어서 음양과도 관계가 된다. 화공편의 구성은 화공의 종류와 목적, 화공의 효과를 언급하는 것을 마지막으로 비유적이기는 하지만 장수는 마치 불과 같은 성급한 성격을 자제하고 오로지 실리적인 이익의 여부에 따라 신중히 용병할 것을 경고하고 있다.

살아가다보면 화가 나지 않을 수 없다.
화를 내는 것이 범부들의 삶이다.
하지만 쏟아낸 화로 인해 모든 것을 파국으로 이끄는
죄를 짓지 않도록 늘 경계해야 한다.
화가 나더라도 분노를 쏟아 놓지 않는 것이
우리 자신을 지키는 진검이다.

화공의 조건

손자가 말하기를 무릇 화공에는 다섯 가지가 있으니 첫째는 병사, 둘째는 양식, 세째는 수송물자, 네째는 창고, 다섯째는 진영이 그것이다.

孫子曰 凡火攻有五 一曰火人 二曰火積 三曰火輜 四曰火庫 五曰火隊

화공에는 다섯 가지가 있다. 첫째는 적의 병사에 대한 공격, 둘째는 쌓아놓은 양식과 말이 먹는 건초더미와 같은 군수품, 셋째는 수레를 포함한 무기 · 장비 · 의복 · 식량과 같은 군수물자를 다루는 수송부대火輜, 넷째는 무기창고庫, 다섯째는 주둔하고 있는 진영이나 부대를 불태우는 것이다.

화공을 할 때는 필히 이유가 있어야 하며 불을 붙이는 도구가 있어야 한다. 발화 하는 경우에는 때와 날이 있는 것이니 때는 건조한 때를 말하고 날이란 달의 위치가 기箕, 벽壁, 익翼, 진軫의 위치에 있는 경우를 말한다. 무릇 이 사수四宿는 바람이 일어나는 날을 이르는 것이다.

行火必有因 煙火必素具 發火有時 起火有日 時者天之燥也 日者宿在箕壁翼軫也 凡此四宿者 風起之日也

* 기箕 = 동쪽, 벽壁 = 북쪽, 익翼 · 진軫 = 남쪽

화공을 택할 경우에는 이유나 조건이 있어야 하며 불을 붙이기 위한 도구나 재료 같은 것이 사전에 준비되어 있어야 한다. 불을 질러서 공격을 하는 경우에는 때와 날이 있다. 때라고 하면 건조한 때를 말하는데 중국의 북방은 겨울과 봄에 건조하고 바람이 많이 분다. 날이란 달의 위치를 말하는데 달이 기箕, 벽壁, 익翼, 진軫의 위치에 있을 경우를 말한다. 무릇 이 사수四宿는 바람이 일어나는 날이다.

화공을 함에는
임기응변에 능할 것

무릇 화공에는 필히 다섯 가지 불의 변화에 응하여야 한다. 불이 안에서 일어났으면 밖에서 급히 응하여야 하고, 불이 났는데도 병사들이 조용하면 공격하지 말고 기다렸다가 화력이 왕성해 졌을 때 공격할 수 있으면 공격하고 공격할 수 없으면 그쳐야 한다. 외부에서 불을 놓을 수 있으면 안에서 기다리지 말고 적당한 때에 불을 놓아야한다. 변화에 호응하여 불이 바람 불어오는 위쪽에서 일어났을 경우 밑에서 공격하지 않는다. 낮에는 바람이 많이 불지만 밤에는 그친다. 무릇 군은 필히 이 다섯 가지 불의 변화를 잘 헤아려 따라야 한다.

凡火攻 必因五火之變而應之 火發而基於內 則早應之於外 火發兵靜者 待而勿攻 極其火力 可從而從之 不可從而止 火可發於外 無待於內 以時發之 火發上風 無攻 下風 晝風久 夜風止 凡軍必知有五火之變 以數守之

화공에는 5가지의 상황의 변화에 맞게 해야 한다. 사람을 적진 안으로 보내 불을 붙였을 경우 외부를 포위하고 즉시 공격해야 한다. 불이 났는데도 조용하면 안에 사람이 없거나 나와서 다른 곳에 숨어 매복하고 있지나 않은지 관찰하고 있다가 불길의 정도에 따라 왕성하면 공격하고 미미하면 공격하지 않는다. 적이 안에 있을 때 아군이 적진 밖에서 불을 놓을 수 있으면 내부에서 불이 나기까지 기다리지 말고 방화한다. 그리고 바람이 위에서 아래로 불 때 아래쪽에서 불이 오는 방향을 향해 공격을 하면 안 된다. 낮에는 바람이 오래 불지만 저녁에는 그친다. 따라서 화공은 바람이 오래 부는 낮을 택해 할 것인지의 여부를 결정하여야 한다. 무릇 장수는 필히 이 5가지의 불의 변화를 알고 술책을 따라 화공을 해야 한다.

언젠가 참숯가마에서 1800도의 고열로 으스러지면 윙윙 소리를 내며 무섭게 춤을 추는 불을 보았다. 그때 내가 본 것은 필시 불이 아니었고 무슨 신령스런 정령精靈같았다. 불은 무서운 것이다. 그렇듯 맹렬히 자신과 남을 집어 삼키는 것이 또 무엇이 있으랴.

삼일 밤낮을 타오르던 불이다
참나무는 고열에서 으스러져
황금으로 변해 번쩍 거렸다
꺼져가는 불덩이가 가마속에서
윙윙 소리를 내며 춤을 추면서
서럽게 한참을 그렇게 울었다
아픈 자들의 염증을 삭게 하고
언자들의 가슴을 녹여 내자면
영혼마저 타서 없어져야 한다
저런 혼절하는 아픔이 아니라면
누구에게 기쁨일 수 있으랴

(참숯가마에서)

화공과
수공의 차이

그러므로 화공의 효과는 명백하고, 물로써 하는 공격의 효과는 강력하다. 수공으로는 적의 공격을 차단할 수는 있지만, 적을 굴복시킬 수는 없다.

故以火佐攻者明 以水佐攻者强 水可以絶 不可以奪

화공과 수공의 방법을 서로 비교하면서 화공이 강력하며 적을 굴복시킬 수 있는 공격방법임을 밝히고 있다. 예로부터 화공과 수공은 모두 중요한 공격수단이다. 화공을 하자면 그에 적당한 때와 날을 알아야 하고 상황에 따른 대처능력이 있어야 한다. 그래서 화공에 의할 경우 명백한 전쟁의 승리를 얻게 된다.

수공으로는 상대를 완전히 패하게 할 수는 없다. 수공은 가히 끊을 수 있다絶고 했는데 그 말은 수공은 상대방을 고립시킨다던가 보급로를 끊는다던가 물에 잠기게 하여 군수물자들을 못 쓰게 한다든지 하여 적에게 강력한 타격 수단은 되지만 화공처럼 모든 것을 잿더미로 만드는 식으로 완전한 승리를 보장할 수는 없다.

화를 다스리는 것이
용사보다 낫다

무릇 전쟁을 하여 승리를 하더라도 전쟁을 치루는 소기의 목적을 달성하지 못한다고 하면 그것을 일러 비류費留라고 한다. 그런고로 현명한 군주는 이런 결과를 염두 해두고, 어진 장수는 이것을 닦으려 힘쓴다. 이롭지 않으면 움직이지 말며, 득이 안 되면 용병하지 않으며 위태롭지 않으면 싸우지 않는다.

夫戰勝攻取 而不修其攻者 凶 命曰費留 故曰明主慮之 良將修之 非利不動 非得不用 非危不戰

전쟁을 일으키고 공격을 하더라도 전쟁의 최종 목적인 신속한 승리를 얻지 못한다면 실익이 없다. 실리 없는 전쟁을 수행한 경우, 다시 말하자면 귀한 시간을 허비하고, 막대한 경제적인 비용을 지출하고도 병사들을 전장에 남겨 놓은 경우를 비류費留라고 한다. 현명한 군주는 전쟁의 승리를 염두 해 두며 훌륭한 장수는 전쟁의 목적을 이루기 위해 부단히 자신을 닦는다. 실익이 없으면 군대를 움직이지 않고 얻는 것이 없으면 용병을 하지 않으며 결코 위태롭지 않으면 싸우지 않아야 한다. 이것이 앞서 구지九地와 군쟁軍爭편에서도 다룬바 있는 전쟁의 도리道理이다.

장수가 전쟁의 목적을 얻기 위해 얼마만큼 부단하게 노력하고 자신을 포함한 병사들을 수련했는가에 따라 승리의 위업이 달성된다. 전쟁에서의 승리는 우연히 이루어 지지 않는다. 이런 수련의 과정도 없이 무모한 전쟁을 치르고 잘못된 결과에 대해서 마치 불운인 것처럼 이야기해서는 안 된다.

임금은 노엽다고 해서 군사를 일으켜서는 안 되고 장수는 화가 난다고 하여 전투를 일으켜서는 안 되는 것이니 이익이 되면 움직이고 이익에 맞지 않으면 그친다. 노엽다가 다시 기쁠 수가 있고, 화가 나도 다시 즐거울 수 있지만 망한 나라는 다시 살아 날 수가 없다. 그래서 현명한 임금은 전쟁을 삼가 하고, 어진 장수는 전쟁하는 것을 경계하니 이것이 나라를 안전하게 지키고 군대를 온전하게 하는 방도니라.

主不可以怒而興師 將不可以慍而致戰 合於利而動 不合於利而止 怒可以復喜 慍可以復悅 亡國不可以復存 死者不可以復生 故明君慎之 良將警之 此安國全軍之道也

임금과 장수에 대해 경고하는 내용들로 가득 차 있다. 우리가 불을 조심하듯이 그만큼 임금이나 장수도 조심해야할 것이 있음을 언급한 것이다.

임금과 장수가 위태롭지 않은데도 화가 난다고 하여 전쟁을 하면 안 된다는 구절을 볼 때 화㷔는 곧 불火을 의미하므로 화공火攻편의 결론으로서 손색이 없다고 본다. 분노와 화를 참지 못하면 자칫 자신과 국가의 존망과 개인의 생사를 모두 불태울 수 있기 때문이다.

군주는 노여움으로 군사를 일으키지 않아야 하고 장수는 화가 난다고 하여 전쟁을 치르지 말아야 한다. 오로지 실리에 따라 이익이 있으면 움직이고 이익이 없으면 멈추어야 한다. 노여움은 다시 즐거울 수가 있고 성냄은 다시 기쁠 수가 있다. 하지만 전쟁으로 망한 나라는 다시 세울 수가 없고 죽은 자는 다시 살릴 수가 없다. 현명한 군주는 전쟁을 삼가고 훌륭한 장수는 전투하는 것을 경계하니 이것이 국가와 군을 온전하게 보전하는 것이다.

살아가다보면 화가 나지 않을 수 없다. 화를 내는 것이 범부들의 삶이다. 하지만 쏟아낸 화로 인해 모든 것을 파국으로 이끄는 죄를 짓지 않도록 늘 경계해야 한다. 화가 나더라도 분노를 쏟아 놓지 않는 것이 우리 자신을 지키는 진검이다.

너의 허물은 이루다 말할 수 없으면서
더 큰 책임을 다른 사람에게 돌리며
너의 불운을 쉽게 이야기하지 마라
소중히 지켜 온 너의 보금자리마저
다 허물어 버릴 것이라고 말하지 마라

어긋난 너의 삶의 파계를 말하려면
두 번 다시 나를 찾아오지 말라고,
너 하나를 희생해서 모두가 평안하다면
그 길을 가라고 말해주고 싶었지만
당하고만 살았다며 글썽이는 너를 보며
차마 이야기할 수가 없었을 뿐이다

너의 불운을 내게 와서 말하지 마라
애초부터 잘못된 만남이었다고,
너는 더 이상 과거의 너가 아니라고
섣불리 파탄의 언어를 발설하지 마라

한참은 어긋나 버린 너의 삶이지만
그래도 함께 살아야 하지 않겠느냐며
말을 더듬는 너의 모습을 보고 싶다

(너에게 말한다)

제 13 장

용간편
用間篇

—

사람에 투자하라

11편 구지九地편에서 보았듯이 전쟁의 승리를 위해서는 지형을 알고, 전쟁을 수행하는 사람에 대해 알아야 한다. 간첩의 활용은 바로 사람을 아는 것이다. 전쟁에서 승리를 하려면 적보다 한 발 앞서 먼저 알아야 하고 先知, 나를 알뿐만 아니라 적에 대해 알아야 한다知彼. 적을 알기 위해서는 간첩을 활용하여 상대편의 실정을 살펴야 한다. 용간用間편의 구성은 간첩의 중요성과 5가지 간첩의 종류, 지혜가 있고 어진 자가 간첩을 쓰고 부릴 수 있음을 강조하고 있다.

안개 속과 같은 적정을 훤하게 꿰뚫어 대처하기 위해서는
간첩을 써야 하는데 이를 위해서는 임금이나 장수는 담대할 뿐만
아니라 주도면밀하여야 한다.

간첩에 투자하는 것을
아까워하지 말라

손자가 말하기를 무릇 병사가 십만을 일으켜 천리를 출정하자면 백성이 부담하는 비용과 국가가 대는 비용이 하루에 천금이 소요되며 나라 안 밖이 소동이 일어나고 도로에 지쳐 일손을 놓는 자가 칠십만이나 된다. 서로 지키기를 수년을 하지만 하루의 승리를 다투는 것인데 벼슬과 봉록과 백금을 아끼느라 적정의 상황을 모른다고 하는 것은 어질지 못함의 극치요, 병사들을 위한 장수가 아니며 군주를 돕는 것이 아니며 승리로 이끌 위인이 되지도 못한다.

孫者曰 凡興師十萬 出兵千里 百姓之費 公家之奉 日費千金 內外騷動 怠於道路 不得操事者 七十萬家 相守數年 以爭一日之勝 而愛爵祿百金 不知敵情者 不仁之至也 非人之將也 非主之佐也 非勝之主也

　전쟁 시에는 수년을 대치하다가도 승패는 하루에 결정이 된다. 이처럼 전쟁에 투자되는 비용이 엄청남에도 불구하고 벼슬과 비용 그리고 재물을 아끼겠다고 간첩을 두지 않아 적정의 상황을 모른다고 하는 것은 어리석은 일이다. 이런 장수는 병사들을 위한 장수가 아니며, 군주를 돕는 장수가 아니며 승리를 얻을 수도 없다.

총명한 군주와 현명한 장수가 출동하면 다른 사람들 보다 승리를 하는 이유는 적정의 상황을 먼저 알기 때문이다. 적의 상황을 잘 아는 것은 귀신을 통해서도 아니고 일을 겪어서 알 수 있는 것도 아니다. 도를 통해서도 경험할 수 있는 것도 아니다. 반드시 사람을 통해서만 적의 상황을 알 수 있다.

故明君賢將 所以動而勝人 成功出於衆者 先知也 先知者 不可取於鬼神 不可象於事 不可驗於度 必取於人 知敵之情者也

총명한 군주와 현명한 장수가 군사를 움직여 잘 승리를 하는 것은 간첩을 부려 적정의 상황을 먼저 파악하고 효과적으로 대처할 뿐만 아니라 적이 도모하는 것을 쓸모없게 만들기 때문이다. 먼저 적의 상황을 알기 위해서는 귀신을 통해서 알 수 있는 것도 아니고, 일을 겪어서 알 수 있는 것도 아니며 법칙을 통해 경험할 수 있는 것이 아니다. 오로지 간첩을 통해 적정을 탐지하여 사정을 알 수 있는 것이다.

안개 속과 같은 적정을 훤하게 꿰뚫어 대처하기 위해서는 간첩을 써야 하는데 이를 위해서는 임금이나 장수는 담대할 뿐만 아니라 주도면밀하여야 한다. 장수는 임금과 백성을 사랑하는 마음과 정성이 지극하여야 이런 일을 꾸밀 수 있다.

살아오면서 간첩을 이용하는 일이라면 무조건 도외시하고 살아온 것이 아쉽다. 필요하다면 간첩을 부리고 간첩이 되기도 하여 원활한 실정을 파악하고 문제해결을 위해 노력해야 한다.

잠시 멈춤

이룰할 수 없는 꿈을 꾸고
이루어질 수 없는 사랑을 하고
싸워 이길 수 없는 적과 싸움을 하고
견딜 수 없는 고통을 견디며
잡을 수 없는 저 하늘의 별을 잡자

(세르반테스, 돈키호테)

그러므로 간첩을 쓰는 데는 5가지가 있다. 향간鄕間, 내간內間, 반간反間, 사간死間, 생간生間이 그것이다. 5가지 종류의 간첩이 함께 일어나는데도 적이 그것을 알지를 못하니 이를 일러 신묘한 것이라 하며 임금의 보배인 것이다. 향간이라는 것은 그 지방 사람을 쓰는 것이며 내간이라는 것은 적의 관리를 간첩으로 쓰는 것이며 반간이라는 것은 적의 간첩을 다시 우리 측 간첩으로 쓰는 것이며 사간이라는 것은 외부에 허위 정보를 흘려 적에게 알리는 간첩이며 생간은 돌아와서 보고를 하는 간첩인 것이다.

故用間有五 有因間 有內間 有反間 有死間 有生間 五間俱起 莫知其道 是爲神紀 人君之寶也 因間者 因其鄕人而用之 內間者 因其官人而用之 反間者 因其敵間而用之 死間者 爲誑事於外 令吾間知之 而傳於敵 生間者 反報也

간첩에는 5가지가 있다. 인간因間, 내간內間, 반간反間, 사간死間, 생간生間이 있다. 간첩이 활동을 하고 다녀도 적이 알지 못하니 신기한 일이며 임금의 보배다.

인간因間은 적의 주민을 간첩으로 이용하는 것이므로 하층민의 정보를 알 수 있다. 인간因間은 다른 본에는 향간鄕間으로 나오고 이편에서도 후반부에 가서는 향간鄕間으로 표현하기도 한다.

내간內間은 적의 관리를 간첩으로 이용하는 것으로 고급정보를 알 수 있다.

반간反間은 적의 간첩으로 넘어온 자를 우리 편으로 삼아 다시 간첩으로 부리는 이중간첩을 말한다.

사간死間은 아군의 간첩이 적정으로 들어가 거짓 정보誣事를 상대에게 흘려 혼란을 주는 것을 말하며 이때 거짓정보는 알려지게 되면 잡혀 죽게 되므로 사간이라고도 한다.

생간生間은 적정을 파악한 후 살아 돌아와 보고를 하는 간첩을 말한다.

이 5가지 간첩 중에서 반간反間이 가장 효과가 크고 정보 또한 많이 얻을 수 있으므로 중요하며, 반간은 후대해야 한다. 나아가 사간死間이나 생간生間을 부릴 수 있는 것도 반간反間이 있어 가능하다.

정규전의 수행만이 전쟁의 전부가 아니다. 적정을 알기 위해서는 상대를 속이고 혼란 속에 빠지게 하는 기망과 변칙적인 모든 수단을 다 사용해야 한다. 어차피 인생이 한바탕 속임수인 것처럼 전쟁은 당연히 변칙과 사기를 주된 병법으로 삼는다. 일상에서도 우리는 조심해야 할 것 투성이다.

어떻게 보면 일상은 우리를 노리는 함정들이 여기저기 매복되어 있다. 동성 사이에서는 물론 세상의 절반인 이성 사이에서도 마찬가지일 것이다. 우리는 이런 속임수에 넘어가지 말고 간첩을 부리고 간첩이 되어 상대의 실정을 늘 살펴야 한다.

미묘한 것이
간첩의 일이다

그래서 삼군의 친밀함 중에서도 간첩과 장수 사이 보다 더 친밀한 것이 없고 간첩에게 주는 상보다 후한 상이 없으며 간첩과의 일보다 은밀한 것이 없다. 뛰어난 지혜를 가지고 있지 않으면 간첩을 부릴 수 없으며 미묘하지 않으면 간첩의 득을 얻을 수 없으니 미묘하고도 미묘하다. 간첩을 쓰지 않는 곳이 없다. 간첩의 일이 시행되기 전에 알려지면 간첩과 그 사실을 알린 자는 다 죽임을 당한다.

故三軍之親 莫親於間 賞莫厚於間 事莫密於間 非聖智不能用間 非仁義不能使間 非微妙 不能得間之寶 微哉微哉 無所不用間也 間事未發而先聞者 間與所告者 皆死

장수와 간첩은 목숨을 걸고 적진을 넘나들고 극비로 일하기 때문에 장수와 간첩 사이처럼 서로 긴밀하고 절친한 것도 없으며 간첩 활동에 따르는 포상도 후할 수밖에 없다. 간첩이라는 것이 양심을 버리고 하는 활동이며 생명을 걸고 해야 하는 위험한 활동인지라 사람의 심리도 시시각각으로 변한다. 그래서 간첩활동의 적임자를 뽑는 것 역시 아무나 할 수 없으며 지혜가 있어야 한다. 그리고 간첩을 포용하고 감화시킬 수 있는 인격적인 자질도 갖추어야 하는 만큼 어려운 일이다.

어디 이것뿐이랴. 간첩이 제공하는 정보의 진위를 판단하자면 명철한 판단력이 요구된다. 전쟁뿐만 아니라 산업현장, 사람들의 일상사에 이르기까지 어느 분야에서나 간첩은 활용되고 있다. 간첩을 잘 이용하면 원하는바 소기의 목적을 이룰 수 있다. 간첩의 첩보를 시행하지 않았는데도 정보가 새어 나간 경우에는 간첩은 물론 비밀을 누설한 자는 버려질 뿐만 아니라 죽음으로서 그 값을 치른다.

반간은 중요한 만큼
후대한다

무릇 군이 공격을 하고자 하는 곳, 공격하고자 하는 성城과 죽이고자 하는 사람이 있을 경우 필히 먼저 지키는 장수와 좌우의 경호원과 문지기와 심부름꾼의 성명을 아군의 간첩을 통해 알아내어야 한다.

凡軍之所欲擊 城之所欲攻 人之所欲殺 必先知其守將左右謁者門者舍人之姓名
令吾間必索知之

전쟁을 하기 위해서는 공격할 장소와 점령해야 할 성을 알아야 한다. 장수와 같은 요인을 암살할 경우 간첩을 통해 부관, 경호원, 당번병, 문지기 등의 측근의 신상에 대해 알고 있어야 한다.

적의 간첩으로서 우리 편의 실정을 탐색하는 자를 반드시 찾아내어 그에게 이득을 주어 유인한 후 잘 교화시켜 적지에 다시 간첩으로 놓아쓴다. 이로 인하여 적의 실정을 알 수 있어 적의 향간이나 내간을 부릴 수 있는 것이다. 반간으로 인하여 적의 실정을 알게 되어 사간으로 하여금 허위의 정보를 고하게 할 수 있다. 이로 인하여 적의 실정을 알 수 있으므로 생간으로 하여금 기일 내에 보고하게 할 수 있는 것이다. 5가지 간첩에 관한 일은 군주라면 필히 알고 있어야 한다. 이 모든 것이 반간으로 인해 가능한 일이니 반간을 후하게 대하지 않으면 안된다.

必索敵人之間來間我者 因而利之 導而舍之 故反間可得而用也. 因是而知之 故鄉
間內間 可得而使也 因是而知之 故死間爲誑事 可使告敵 因是而知之 故生間有使
如期 五間之事 主必知之 知之必在於反間 故反間不可不厚也

아군의 실정을 파악하는 간첩을 색출하여 후대한 후 다시 적진에 이중간첩으로 내 보낸다. 반간反間으로 인해 적의 실정을 파악할 수 있을 뿐만 아니라 반간反間을 이용해 향간鄕間이나 내간內間과 내통할 수 있고 또 반간反間의 정보를 통해 생간生間을 활용할 수 있다. 이처럼 적정의 파악이나 향간鄕間, 내간內間, 생간生間의 활동이 반간을 통해 용이하게 이루어 진 다. 반간反間은 간첩 중에서도 아주 중요하므로 군주나 장수는 이들에 대해 잘 알고 있어야 한다. 당연히 반간反間에 대해서는 후한 대우를 해야 한다.

유능한 군주는 인재를
놓치지 않는다

옛날에 상(은)나라가 흥할 때에는 이지가 하나라에 있었으며, 주나라가 흥할 때에는 여아가 상(은)나라에 있었기 때문이다. 그런고로 현명한 군주와 어진 장수가 뛰어난 지혜로써 간첩을 활용하면 반드시 대성할 수 있다. 이것이 전쟁의 요체요, 삼군이 믿고 행동하는 근거가 되는 것이다.

昔殷之興也 伊摯在夏 周之興也 呂牙在殷 故惟明君賢將 能以上智爲間者 必成大功 此兵之要 三軍之所恃而動也

* 이지伊摯 와 여아呂牙 : 이지伊摯는 은殷나라 탕왕湯王을 도와 하夏의 걸왕을 쳐서 천하를 평정한 재상 이윤伊尹을 말하며 여아呂牙는 주周나라 문왕의 발탁으로 은殷나라 주왕을 쳐서 천하를 평정한 재상으로 강태공姜太公을 말함.

은나라가 흥할 수 있었던 것은 탕왕이 이지를 발탁하여 첩자로 삼았기 때문이며, 주나라가 흥할 때에는 문왕이 여아를 발탁하여 첩자로 삼았기 때문이다. 이윤과 여아는 임금을 잘 보필하고 나라를 흥하게 만드는 인재들이었다. 간첩활동은 용병에 있어 가장 중요한 정보원이며 군은 이러한 정보를 근간으로 하여 전쟁을 수행하게 된다.

인생에도 겨울이 필요하다.

고난은 삶을 망치는 화가 아니라

더욱 윤이 나고 깊이 있고 기름진 삶을 위한 거름이다.

살다보면 굴곡 없이 평안히 지낼 때가 있는가 하면

산을 오르듯, 파도를 넘듯 괴로워 할 때가 있다.

혹한의 시절을 이기고 피는 꽃이 향기가 그윽하듯

고통을 이기고 나온 사람이 아름답다.

그래서 인생이 더 아름답다.